10歳からの
やめること
地図

いまを生き抜く
30のみちしるべ

午堂登紀雄

KADOKAWA

はじめに

君たちは幸せだ。現代日本は平和。安全だから学校に一人で歩いて行ける。病気になれば病院で診てもらえる。お腹が空いたらコンビニで買い物ができる。世界中の動画を見られる。「やりたい」と思ったことのほとんどはできる世界に生きている。

一方で、自由に何でもできる環境があることで、逆にどう生きればいいのか迷いやすくなっているとも思うんだ。たとえば、かつて身分制度があった頃、農民の子は農民になり、商人の子は商人になり、武士の子は武士になると決まっていたから、迷う必要はなかった。

しかし今は、仕事も生き方も、自分で考えて自分で選び取っていかないといけなくなった。だからこそ、生きにくさを感じている子もいると思う。これから大人になっていく君たちは、自分が納得できる道、後悔しない道を選ぶことができるだろうか？

この本では、これから君たちが大人になって、生き抜くために「やめること」を示す「みちしるべ」を贈りたいと思う。

中には「そんなの無理！」と感じるものもあると思う。だけど、無理だと決めつけるのはまだ早い。実際にやってみて、それでも自分に必要のない考えなら手放してもいいけれど、まずは〝自分事〟にすることが大切だよ。

だから「なるほど」と思うことはもちろん、「そんなの無理！」と思ったことでも、一つずつでいいからぜひ実践していってほしい。

そうすることで「みちしるべ」が君自身のものになっていく。人生を生き抜くための地図を手に入れた君は、この社会を軽やかに駆け抜けられるようになっているはずだ。

はじめに 2

第一章 自分らしく生きるためにやめること

みちしるべ1 「友達は多い方がいい」をやめる 10
みちしるべ2 「みんなと仲良くしなくちゃいけない」をやめる 14
みちしるべ3 「みんなと違うのは恥ずかしい」をやめる 18
みちしるべ4 「周りの人の目が気になる」をやめる 22
みちしるべ5 「いい子でいなくちゃいけない」をやめる 26
みちしるべ6 「否定する言葉」をやめる 30
みちしるべ7 「面倒くさい」をやめる 34

第二章

勉強・学校生活を楽しむためにやめること

みちしるべ 8 「勉強したってどうせ役に立たない」をやめる 40

みちしるべ 9 「どうせ自分はバカだから」をやめる 44

みちしるべ 10 「アイツが悪い」をやめる 48

みちしるべ 11 「失敗や間違いはいけないこと」をやめる 52

みちしるべ 12 「学校のイベントが苦痛」をやめる 56

みちしるべ 13 「自分の生き方を人に任せる」をやめる 60

第三章

自信を持つためにやめること

みちしるべ 14 「自分の見た目が嫌い」をやめる …… 64

みちしるべ 15 「内向的な自分が嫌い」をやめる …… 70

みちしるべ 16 「口下手な自分はダメだ」をやめる …… 74

みちしるべ 17 「自分のことをわかってくれない」をやめる …… 78

みちしるべ 18 「大人は反対ばっかりする」をやめる …… 82

みちしるべ 19 「相談できない」をやめる …… 88

第四章

心を守るためにやめること

みちしるべ 20 「人のせいにする」をやめる 94

みちしるべ 21 「なんでアイツばっかり」をやめる 100

みちしるべ 22 「あきらめちゃいけない」をやめる 104

みちしるべ 23 「簡単にあきらめる」をやめる 108

みちしるべ 24 「学校へは毎日通うのが当たり前」をやめる 112

第五章

自分らしく生活するためにやめること

みちしるべ25 「動画ばかり見てしまう」をやめる 118
みちしるべ26 「SNSが気になって仕方ない」をやめる 122
みちしるべ27 「貯金しなきゃいけない」をやめる 126
みちしるべ28 「ルールは絶対に守るべき」をやめる 130
みちしるべ29 「親に口答えしてはいけない」をやめる 134
みちしるべ30 「がんばっても報われない」をやめる 138

保護者の皆様へ 142

装丁／本文デザイン　田村 梓（ten-bin）
イラスト　seesaw.
DTP　NOAH
校正　麦秋アートセンター

第一章

自分らしく生きるためにやめること

「友達は多い方がいい」「みんなと仲良くしなくちゃいけない」……。よく聞く言葉だけど、それって本当かな？　自分らしく生きていくためにやめていいことって何だろう？

みちしるべ 1

「友達は多い方がいい」をやめる

小学校に入ったときや新学期が始まってしばらくしたら、家で「友達はできた？」って聞かれたことはない？　こう聞かれるのは多くの人が「友達は大切だ、友達ができないとかわいそう」と考えているからだと思う。

確かに友達はたくさんいた方が楽しいように見える。でも**重要なのは数ではなく、「自分と気が合って、一緒にいて楽しい」と感じる友達がいるかどうか**のはずだよね。

そしてそんな友達は、そう多くは現れない。クラスに一人か二人いればいい方で、まったくいないことだってある。

だからもし仲良くなれる人がいなかったとしても、たまたまそのクラスでは気が合う人がいなかっただけだから、自分はみじめだなどと嘆く必要なんてないんだよ。

それに、「友達が多い」というのには、あまりよくないことが実は三つある。

一つ目は、薄っぺらい付き合いになりやすいということ。相手のことを理解するにはある程度の時間がかかるよね。でも友達がたくさんいたら、一人ひとりと一緒に過ごせる時間は少なくなる。すると、相手のことをよく理解できないかもしれないし、自分のこともよくわかってもらえないかもしれない。つまり友達が多ければ多いほど、表面的な関係になりやすいとも言えるんだ。

二つ目は心が疲れやすいということ。友達とうまく付き合うには、言いたいことややりたいことを押し通すだけではダメだよね。ときには自分が言いたいことを飲み込んだり、相手がやりたいことに合わせなければならない場面も出てくる。もし友達が10人いれば、10人の違う個性と向き合うために、相手に合わせることが増えることになる。それを「疲れる」と感じる人もいるはずだ。

三つ目は一人の時間が減ること。人間にとって、一人の時間は自分と対話し自分を取り戻すとても大切な時間だ。「何であんなこと言っちゃったんだろう？」と反省したり、「明日はあの子に話しかけてみよう」と決意したり、「今日読んだ本はああいうことが言いたかったんだろう」と振り返ったり……。友達が多いと、そんな一人の時間も少なくなってしまう可能性があるよ。

もちろん、これらの欠点をうまく解決できる人もいるし、相手に対する理解がすばやい人もいるから、全員がそうだというわけじゃない。それに、表面的な付き合いの方が気が楽という人もいるだろう。だから友達が多いのがいけないということではない。友達をたくさん作って楽しいと感じるなら、自由にそうすればいい。

そうではなく、**「友達が多いことに価値がある」などという思い込みによって、「友達が少ない自分はダメなんだ、みじめなんだ」などと落ち込むことはない**ってこと。

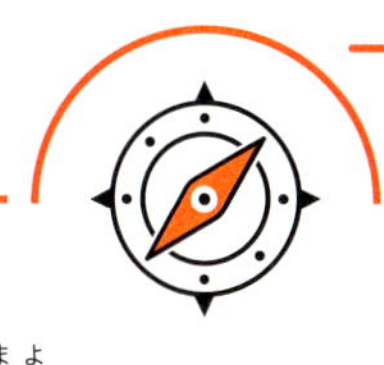

迷ったときは…

★大切なのは自分と気の合う友達に出会えること

★友達の数の多さ＝人の魅力ではない

みちしるべ 2

「みんなと仲良くしなくちゃいけない」をやめる

親や先生に、「友達みんなと仲良くしなさい」と言われることがある。確かにそれは理想かもしれない。しかし、人間誰でも相性というものがある。特に公立の小中学校は、たまたま同じ地域で同じ年代に生まれたというだけで同じ教室にいるわけで、自分で選んだ人間関係ではないよね。だから自分と合う人もいれば、合わない人もいて、**全員と仲良くするのは不可能**だと思う。

それに、自分にとって好きな子や苦手な子がいるように、友達にだって同じく好きな子や苦手な子がいるはず。友達の苦手な相手がたまたま自分だったということはあるだろう。だから中には、いじわるを言ってきたり、冷たい態度をとってくる人もいるわけだ。そんな他人の好みや行動まで自分がコントロールできるわけはないし、仲良くできない責任が自分だけにあるわけじゃない。

なのに、そもそも何のために大人は「みんなと仲良くしなきゃいけない」なんて言うんだろう?

それは**「好き嫌いではなく、いろんな人とうまく付き合っていく練習をしよう」**という意味なんだと思う。

たとえば授業中に突然大きな地震が起きたとする。そんなとき、仮に嫌いな子がいたとしても、助け合って避難する必要があるよね。

あるいはクラスで合唱をするとき「あの子とは気が合わないから」という理由だけで練習の仕方に文句を言ったり、いじわるをするようでは、その合唱はきっとうまくいかない。

そんなふうに、自分とは合わない人たちとも上手に付き合う練習の意味を込めて、大人はわかりやすく「仲良くしなさい」と言っているだけのように思う。

だから言葉の通り「仲良くする」必要はないんだ。嫌いなままでもいい。ただ、**他人と無駄なトラブルを起こさないよう、うまく付き合える術を身につけ**

よう。

具体的には、合わない子や苦手な子がいたとしても、態度に出さないってこと。わざわざちょっかいを出したり、いじわるや陰口を言うことはしない。話しかけられたら無視せず、ニッコリと当たりさわりのない対応をすればいい。

これを大人の世界では「戦略的放置」とか「戦略的無視」と呼ぶことがある。仲良くできない人と関わるとトラブルになりやすいから、自分からは積極的に関わらず、相手からも踏み込まれない程度の距離を保ち、良好（に見える）な関係

を続けていくという意味だ。

むろん相手から嫌なことをされたら、反論したり親や先生に相談する必要はあるけれど、嫌いだからといって決していじめたり暴力を振るったりしてはいけない。これだけは肝に銘じておこう。

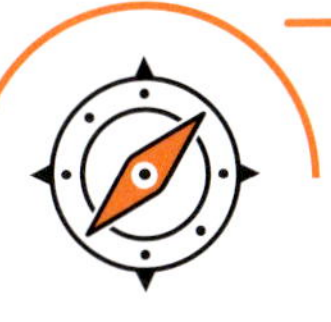

迷ったときは…

★嫌いな子、苦手な子がいても大丈夫
★苦手な子ともうまく付き合えるよう少しずつ練習しよう

みちしるべ 3

「みんなと違うのは恥ずかしい」をやめる

学校では、基本的にみんなと同じように行動することが求められる。同じ時間割、同じ勉強内容、同じような生活態度をしなければ、先生から注意されたりするよね。

だからなのか、僕たちは周囲と同じだと安心するし、自分だけ違っていると不安になったり居心地が悪くなったりしがちだ。

だけど実は、**「みんなと違う」というのはとても大事なこと**なんだ。だって「みんなと同じ」だったら、自分の存在する意味がなくなってしまうと思わない？

特に大人になれば、「みんなと違う」ことは宝石のような価値を持つ。たとえば君のお父さんやお母さんも、みんなとは違うから、会社の仕事でもみんな

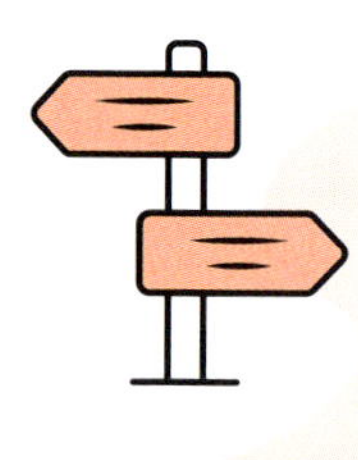

と違う価値を出せる。だからお給料をもらえる。
「さかなクン」を知っているかな？　子どもの頃から魚が大好きで、小学校の中でも外でもそのことばっかり調べていたそう。もし同じクラスにいたら〝変わってるな〟と感じるかもしれない。でも、そのおかげで自分の大好きなジャンルの専門家として活躍できるようになったんだよね。

君の周りでもこんな子はいないかな？　いつも本ばかり読んで、クラスの輪に入らない子――その子は語彙力を身につけ、将来は小説家になるかもしれない。

上級生でも間違っていると思えば食ってかかる子——その正義感から将来は政治家になるかもしれない。そんな可能性も含めて、「人と違う自分」を大事にしてほしい。

これは自分の意見を言うときにもあてはまること。嫌われちゃいけない、空気を壊しちゃいけない……そう思うのは悪いことではないけれど、そんな気持ちが強くなると、本当の自分を出しにくくなる。すると、友達と距離ができてしまうことがある。

なぜなら、**自分の本音を抑えて相手に合わせようとすると、「心を開いていない」と映る**からなんだ。だから相手に気を使いすぎて本心を言わないことは、人間関係にとってはむしろマイナスなことなんだよ。

逆に本音でぶつかってくれれば、「この人は自分のことを受け入れてくれている」「自分のことを信頼してくれているから本心を打ち明けてくれているんだ」と感じる。だから親しみがわくし、心の絆が強くなる。もちろん、何でも言えばいいというものではなく、あくまでも「思いやり」の気持ちを持って接することが前提だけどね。

こんなふうにちょっと変わったところがあるくらいの方が、むしろ「君だから好きだ」という人が出てくるものだ。色鉛筆はいろんな色がそれぞれ価値を持つように、人もみなそれぞれ価値がある。全部が赤色とか、全部が青色なんてつまらないだろう？

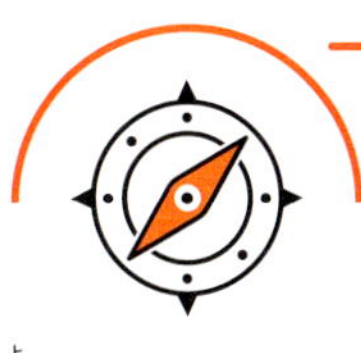

迷ったときは…

★みんなと違うということはみんなと違う「魅力」があるってこと

★気を使いすぎて本心を言えないのは×

「周りの人の目が気になる」をやめる

小学校の高学年ぐらいになって、いわゆる思春期に入ると「他人から自分がどう見えるか」という視点が加わってくる。つまり、自分が「かっこいい／かわいいって思われてるかな？」「バカにされてないかな？」と思うようになるってこと。

それは、成長にはとても重要なことなんだ。

というのも、**周りの人からどう思われるかという気持ちは、他の人の気持ちを想像しようとしているということでもある**から。「かっこいい／かわいいと思われているか気になる」ってことは、その人やその場で好かれたいと思っているということ。そうすると、好かれるためにはどんなことを言って、どんな行動をしたらいいか考えるよね。

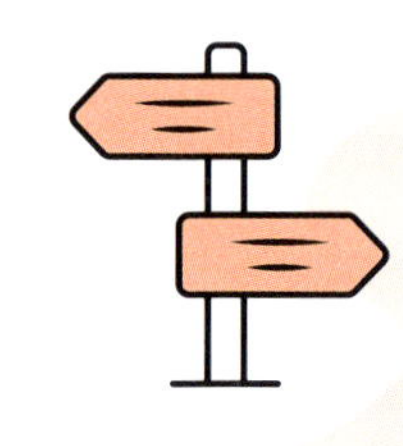

身だしなみを整える、面白いギャグを披露する、相手を褒める……など。そうやって相手の目線に立って、自分の行動を変えることは、周りの人とうまくやっていくためには必要な力だよね。これから大人になっていくためにもとっても大切なことだよ。

だから、人の目が気になるときは、「気になるのは当たり前のことなんだ」「着実に大人になっている証拠なんだ」と自分を認めてあげよう。

ただ、周りからどう思われるかばかりが気になってしまうと、それはそれで生

きづらくなってしまうよね。

たとえば、髪形が決まらなくて毎朝1時間もヘアセットするとか、学校でもいつも鏡を見て前髪をチェックしちゃうとか。ニキビが一つできただけで学校に行きたくないという人もいるかもしれない。

あるいはバカにされたくなくて、知ったかぶりをしてしまったりする子もいるよね。知らないことは悪いことではないとわかっているのに、「そのゲームならやったことあるよ」「その動画、見たことある！」とついついウソをついてしまったり……。


そんなふうに周りの目を気にするあまり、心が苦しくなってしまうことって誰でもあると思うんだ。

そんなときはよく考えてみてほしい。君たちは友達のことをそんなに真剣に見ているかってこと。そして、目に見える一面だけで友達を評価するかってこと。

実は人は周りの人のことをそれほど見ていないし、気にしていないものなんだ。たとえ今日、君の髪形が変だったとしても、明日にはみんなそのことを忘れてしまうだろう。たとえ最新のゲームの話が通じなくても、一緒にサッカーをしたり、おしゃべりするのが楽しければ友達のままでいられるはず（気になるなら、どんなゲームか聞いてみるのはいいかもね）。

だから過剰に気にすることはないんだよ。

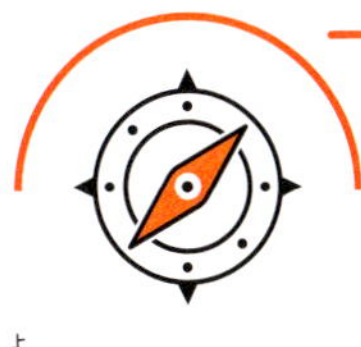

迷ったときは…

★ 人の目が気になるのは着実に大人になっている証拠だから大丈夫

★ 人はそれほど他人のことを見ていない

「いい子でいなくちゃいけない」をやめる

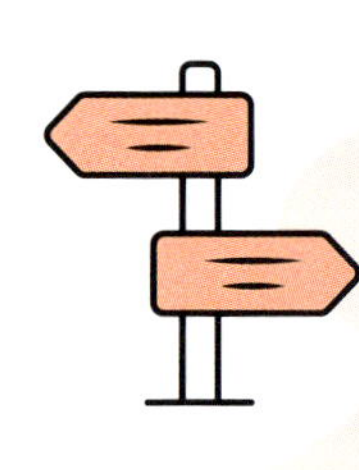

親や先生の期待に応えて、喜んでくれたり褒めてもらったりするのはうれしいよね。そしてそれは自然なこと。

だけど、親や先生の言う通りにし続けて、もし「ちょっと疲れたな」と感じたら、それは無理しているという合図かもしれない。つまり親や先生が思う「いい子」を演じすぎてしまっている可能性があるんだ。

そもそも「いい子」って何だろう？

大人が子どもに対して「いい子だね」という場合、たいていは大人が望む言動、大人にとって都合の良い言動をする子のことを指している。ときにはそれが、子どものためを思ってではなく、大人の見栄だったりすることもあるよ。

だから、大人の言う通りにしていればすべてうまくいくかというと、そうではないこともあるんだ。

人間は助け合って生きるものだけど、他人の期待に応えるためだけに生きているわけじゃない。**「自分のため」と「他人のため」のバランスが崩れて「他人のため」が多くなると、誰でも疲れてしまう**ものだ。

だからそんなときは、「ちょっとがんばりすぎてるぞ」と自分に声をかけて、少し肩の力を抜いてみよう。


「親が喜ぶから、遊びたいのを我慢して塾に通う」

「先生が喜ぶから、本当はやりたくない学級委員長に立候補する」

そんなときにもし「ああいやだ。ああ面倒くさい」と感じているなら、親に相談して塾のコマ数を減らしてもらってもいい。学級委員長の仕事がしんどくなったら、先生に相談して副委員長などほかの人たちに役割を分担してもらったっていい。


大切なのは、親や先生の期待に応えるために「やらされている」という感覚をやめること。**「やりたいからやる」**、その結果、大人が**喜んでくれるならそれは良いことだし、そうでなくても自分が納得すれば良い、**と考えられるといいね。

僕の経験を紹介すると、中学2年生のとき生徒会の副会長をやったことがあった。そのときは先生から「立候補しろよ」と推薦があり、先生が自分に期待してくれているとわかっていた。だけど、そもそも僕自身が生徒会に興味があったのも事実で、先生からの声かけをきっかけに、自分の意思で立候補をしたんだ。だから生徒会活動は楽しかったし、いい経験になったと思っている。

またあるときは、部活のキャプテンを引き受けたこともあった。これも先輩や顧問の先生から「お前がやれ」と言われたことがきっかけだったんだけど、自分自身「オレがこのチームを引っ張らなきゃ」と思っていたから、キャプテンをやることに違和感はなかった。これも義務感ではなく、「使命感」だったから、自分なりにがんばれたんだと思う。

こんなふうに周りの期待をバネにして、自分のやりたいことをやっていけるといいね。

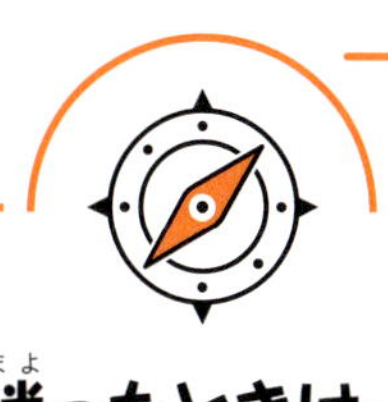

迷ったときは…

★「他の人のため」だけに行動しない

★「やらされている」と思うのはやめて「やりたいからやる」と心に決める

みちしるべ 6

「否定する言葉」をやめる

「自分には無理」「どうでもいい」「自分には関係ない」「よくわかんない」「面倒くさい」……。

これらはどれも物事を否定する言葉。その言葉の後ろには「(だから、やらない)」という気持ちが隠されているよ。やるか、やらないかを考えもせず、逃げるための言い訳なんだ。こういう言葉を使っていると自分のチャンスがどんどん減っていってしまう。

たとえば「サッカー楽しいよ、やろうよ」と友達に誘われたとき「自分には関係ない」と否定してしまったら、サッカーをやることはおろか、試合やその動画を見てみようという気も起きないよね。だって自分には関係ないんだから。もしかしたら君にはサッカーの才能があるかもしれない。サッカーをしてみることで、チームスポーツの楽しさを知れるかもしれないし、反対に個人プレーの方が自分には合っているとわかるかもしれない。それなのに最初から「関係ない」と否定してしてしまったら、とてももったいないよね。

否定する言葉を気軽に使ってしまうと、どんなに自分に才能や可能性があっても、自分自身でその入口の扉を閉ざしてしまう。だってそれは、どんな誘いをされても、「やらない」ということを選んでしまうことだから。

君たちが思っている以上に、才能があるかどうかはやってみないとわからないことって多いんだ。「自分には才能なんてない」と思っている人ほど、実はその

才能の種を探すことすらしていないんじゃないかな。

つまりこれら否定する言葉を発することは、自分で自分の未来を潰すことでもあるんだ。これは恐ろしいことだと思わない？

また、言葉というのは自分の考え方そのものともいえる。

たとえば問題が起きたときに「そんなの無理だよ」と言う人と、「できる方法を考えてやってみよう」と言う人。発する言葉はもちろん、考え方もまったく違うよね。

「これ面白いよ」と言われて「どれどれ？」と興味を示す人と、「どうでもいいよ」と否定する人、どちらと話したいと思う？

何にも興味を示さず、否定する言葉ばかり返す人は「アイツには言っても無駄」と周りから思われて、どんな面白そうな話があっても耳に入ってこなくなる。

そうすると付き合う友達も自然と変わってくる。自分が使う言葉は、付き合う人（付き合える人）を変えることになる。それは自分が生きる世界をも変えていくんだ。

だから不用意に否定する言葉を使わないこと。まずは興味を持ってみることが大切だよ。使う言葉を選ぶことは、自分はどういう人間になりたいか、どういう生き方をしたいかという方向性の話なんだ。

自分が発する言葉に気を付けなければならないというのは、そういうことだ。

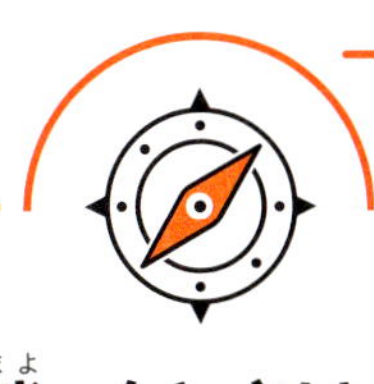

迷ったときは…

- 否定する言葉は、チャレンジすることから逃げる言い訳
- 使う言葉はどんな人になりたいかを表す

みちしるべ 7

「面倒くさい」をやめる

前の項目の『否定する言葉』をやめる」の中で、「面倒くさい」がダメ、と書いたけど、その理由をもう少し掘り下げてお話ししよう。

というのも、**価値があることのほとんどすべては「面倒くさい」**と多くの人が感じることだからだ。

たとえば君たちにとって、勉強するのはすごく面倒くさいかもしれない。その面倒くさい勉強を、一般的には小学校・中学校・高校・大学と、16年間は続けなければならない。

ではなぜそれが価値があるかというと、一つは勉強が「現代魔法」とも呼べるぐらい強い力を持つからだ。

今から40年前、僕が子どもの頃は、電話はダイヤル式の黒電話だったし、音

楽はカセットテープをセットしたレコーダーをテレビの前に置いて録音していた。

そんな時代の人たちにスマートフォンを見せたら、みんなおったまげるはずだ。「何それ魔法の道具じゃん！」って。手のひらの上の小さなデバイスで何でもできるってすごいよね。

これができたのも、君たちの先輩たちが、長い間ずっと勉強を続けてきたからだ。勉強しなければプログラムを書けないし、どんな材料を組み合わせていいかもわからない。勉強してきたからこそ、魔法とも思える商品・サービスを創り出して、便利な世の中にしてきたんだ。

もう一つ、面倒くさくても君たちが毎日勉強する価値は、今やっておけば、大人になって面倒くさいことをやらずに済ませられるということ。

勉強しておけば、大人になってから自由になれる。誰にも指図されず、好きなところへ行って好きなところに住むこともできるし、好きなことをして生きていくことができる。なぜなら、勉強することによって「そういう方法を思いつける自分」「そういう環境を創り出せる自分」になることができるからだ。

そして勉強より何より面倒くさくて、最も価値があることがある。それは「自分の頭で考えること」だ。**自分の頭で考えるとは、「自分の行動は自分で決める」こと**。それには、情報を集め、より良い判断になるよう、計算したり分析したりする必要がある。

たとえば「これが最後のお小遣い」と10万円をもらったとしたらどうする？せっかくもらった10万円、自分が最も満足できることは何かを考え、徹底的に選び抜くはずだ。それでもし、「あんなものに使うんじゃなかった」と後悔したとしても、「次は何に使えばもっと満足度が高まるか」を考えるだろう。そうやって自分なりに考えて行動することがとても大切だよ。

だけど、実はこれは多くの人にとっては面倒くさいことなんだ。自分がやりたいことを考えたり探したりするのは正直面倒くさい。親や先生の言う通り、会社や上司の言う通り、やっていればその瞬間は楽だからね。

でも、そうやって自分で考え自分で決めるのは面倒くさいと避けてきた結果、不自由な生き方をしている大人は少なくない。好きな仕事に就けない、お給料が上がらない、物価高で生活が苦しい、とかね。

そうならないよう、君たちは自分で決めることをあきらめてはいけないよ。

学校で使う文房具、自分が着る服はもちろん、（中学生なら）部活は何にするか、はたまた誰と仲良くするかしないかも含めて、全部自分で決める必要がある。ちょっと難しいかもしれないけれど、それが「自分の人生に責任を持つ」ということなんだ。

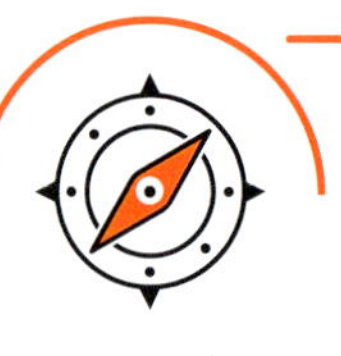

迷ったときは…

★価値があることほど面倒くさい

★自分で考えることは一番面倒くさいけど一番価値がある

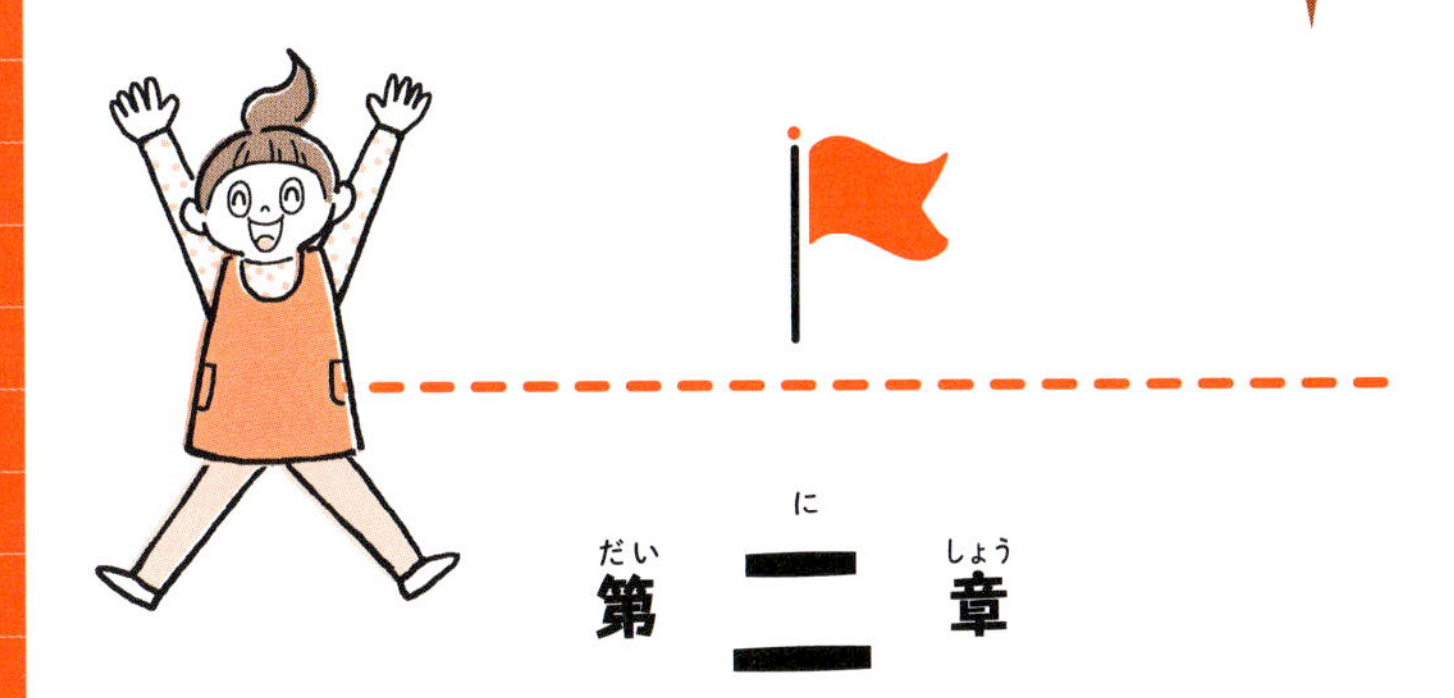

第二章

勉強・学校生活を楽しむためにやめること

君たちにとって勉強や学校はとても身近なものだよね。そこに使う時間を今より楽しむためにはどうしたらいいんだろう?

みちしるべ 8

「勉強したってどうせ役に立たない」をやめる

「何のために勉強をしなきゃいけないの？」「勉強なんて社会に出たら何の役にも立たない」なんて考えたことはない？

でもね、勉強はとても大切。なぜなら、あなたが「何かをやりたい」「何かになりたい」と思ったときに、それができる土台を作ることになるからなんだ。

たとえば将来、「医者になりたい」とか「パイロットになりたい」と思ったときに、勉強していればその道を選べるけど、そうでないと選べない。なぜなら、職業のほとんどは「学生時代にちゃんと勉強していること」を前提にしているからなんだ。だから、勉強していないと、やりたいことを選べないリスクがあるんだ。

それに、学校の勉強は「実生活で直接役に立つ知識を身につけるため」だけ

のものではないんだよ。実はもっと大事なこと――**生きていく上で様々な問題が起きたとき、それを解決するための考え方を作るため**にやっているんだ。つまり勉強の中身そのものが役に立つというよりも、勉強する過程で脳が鍛えられ、そうやって作られた頭脳が君の生きる力の土台となって役に立つんだ。

僕はその土台づくりに、国語と算数がとっても大切だと思っている。

国語は正確な日本語の使い方を身につけるための勉強。人間は言葉で世の中を理解し、他人や自分を理解するから、と

ても重要な科目だ。

論理的思考力も国語で身につけられる。論理的思考力とは「考え方に筋が通っている」ということだから、問題を整理し解決したり、他人にわかりやすく説明できることにつながる。

この能力が低いと、説明してても相手がわかってくれないとか、逆に相手の言うことを良く理解できないとか、ストレスが溜まるしいろんな場面で不利になることがある。

一方の算数はどうだろう。数というのは目の前にないものを考えるための「抽象化思考」の大元でもあるんだ。たとえばリンゴ3個、自動車3台、ネコ3匹も、すべて「3」で扱える。こんなに便利な道具はないってぐらい便利だ。

中学校に上がると、算数は数学になり、虚数とか二次関数とか、目に見えない計算をするようになる。難しい計算そのものを普段の生活で使うことはなくても、数学の考え方を用いて、直接は見えない日々の色々な問題を解決することができるんだよ。

要するに学校の勉強は、卒業した後の長い長い人生の中で使うための、高性能な脳を作ることに役立っているんだ。

だからもし今、勉強をしなければ、大人になっても今と同じ頭脳のまま。土台がなければその上には何も作れないし応用が利かない。人生で直面する様々な障壁や課題を乗り越えられない。これでは困ってしまうよね？

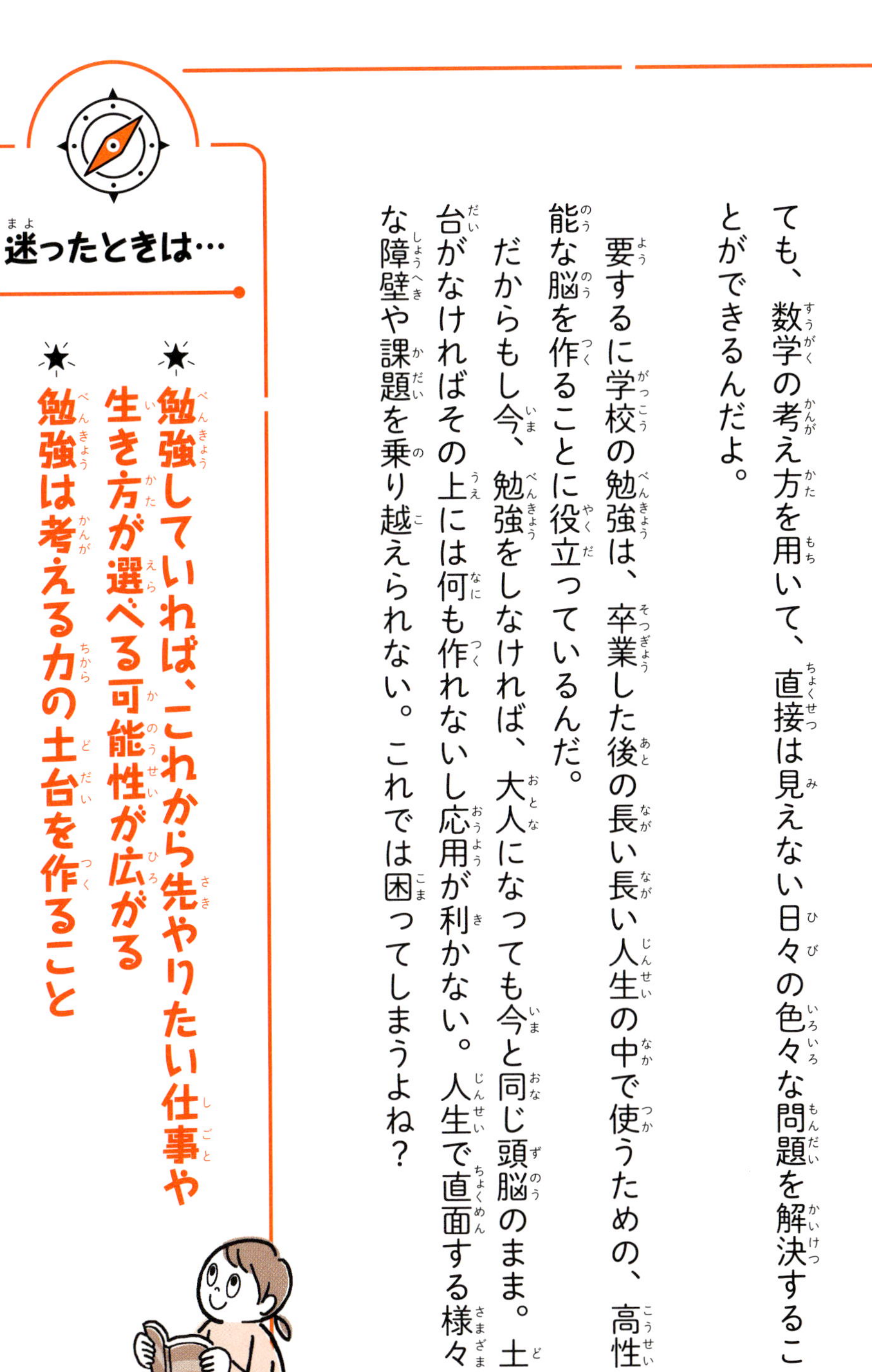

「どうせ自分はバカだから」をやめる

才能は遺伝で決まるから、がんばっても仕方ない、ウチはお金持ちじゃないから自分もお金持ちにはなれない……。そんな話を聞いたことはないだろうか。あるいはそう思ったことはないだろうか。

たとえば「同じ学年のあの子は走るのがものすごく速くて、どんなにがんばっても勝てる気がしない」、「やっぱり才能は遺伝だからどうしようもないんだ」と感じることがあるかもしれない。確かに顔や身長などの容姿とか、あるいはスポーツや芸術なども、遺伝によるところが大きいようにも思える。

僕も中学のとき長距離走に夢中になったことがあったけど、どう練習しても日本記録に届くとは思えなかった。ただ、気をつけなくちゃいけないのは、勉強やスポーツはルールが比較的はっきりしているということ。たとえば「タイムの速い方が勝者」や「点を多くとった方が勝者」といったふうにね。

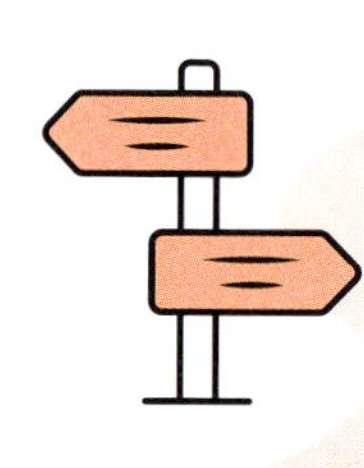

でも社会で生きていくには、法律というルールさえ守っていれば、基本的には君の自由だ。足が遅くても、車を運転できれば速く走れる。自分で難しい計算ができなくても、人を雇って計算してもらうこともできる。記憶力が悪くても、パソコンやスマホで検索できれば問題ない。学校のテストはカンニングしてはいけないけど、社会に出れば答えを検索してもいいし、誰かに相談してもいい。成功するための方法はたくさんあるんだ。

つまり今は人より劣っていることがあったとしても、社会に出ればアイデア次第でどうにでも克服することができる。遺伝とか才能とか、そんなのはあまり関係ないってこと。

「そのアイデアが出ないから苦労してるんだよ」と言いたくなるかもしれないけど、アイデアが出てくるか、出てこないかというのは遺伝でも才能でもなく、どれだけ訓練したかによる。その訓練とは次の二点を意識して生活することだ。

一つ目は、何に対しても「それって本当？」と疑問を持ち、調べてみること。そうやって知的好奇心を育てるんだ。学校のルールは何のため？　なぜケンカをしちゃいけないの？　なぜ電子レンジでなぜ食品が温まるの？　などなど、世の中はわからないことばかりだよね。それらを当たり前のこととしてスルーしない、という姿勢はとても大切だ。

二つ目は、壁にぶつかったとき、できない理由を探すのではなく、「どうすればできるだろう？」とできる理由を探すこと。これを問題解決思向と呼ぶよ。たとえば運動会の徒競走で勝ちたいとして、

「自分には無理」って思ったら、それ以上考えようとはしないよね。でもそこを踏ん張って「勝てる方法はないだろうか？」と考えるんだ。たとえば、足の速い子に走り方を教わる、動画で練習方法を調べて実践してみる、といったアイデアが出てくるはず。

この二つを常に意識しながら生活することで、アイデアの力はぐんぐん伸びる。考えて実践すれば、小さくても君の世界は変えられる。つまり「アイデアは裏切らない」ってことだ。

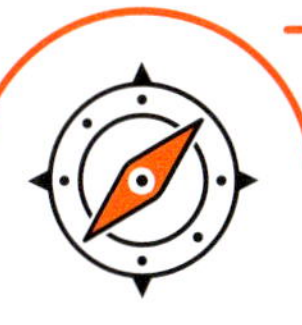

迷ったときは…

- ★社会に出たら、アイデア次第
- ★勉強だけでない、頭の良さを身につけていくべし

「アイツが悪い」をやめる

友達やきょうだいとケンカをしたとき、つい言いたくなるのが「自分は悪くない、悪いのはアイツだ」というセリフじゃないだろうか。

でもこの言葉、実はかなり危険。だからもし使いたくなったら、ちょっと冷静になってよくよく考えてからにしないといけない。というのも、片方だけが一方的に悪いという状況はかなり少ないからだ。

たとえば誰かとケンカして殴られたという状況を考えてみよう。もちろん殴った方が悪いけど、仮に殴られた方が最初に「バーカバーカ！」などと挑発していたとしたら、殴られた方がそもそもの原因を作ったことになる。この場合、すべてではないにしろ、殴られた方にも少しは非がある、というのはわかるだろう（もちろん、どんな理由があっても暴力はいけないことだけど、わかりやすい例として紹介しているよ）。

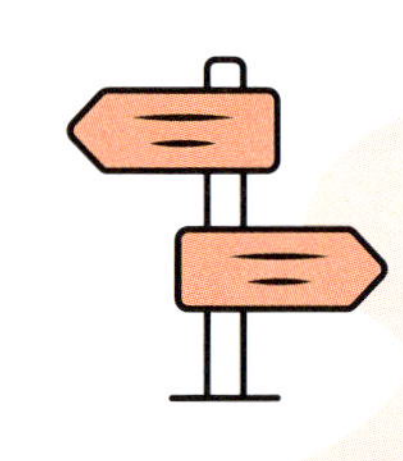

つまりほとんどの場合、自分だけではなく相手にとっても言い分があり、自分だけが一方的に正しいというわけじゃないんだ。それぞれに事情や理由や本人が考える正義がある。だからどちらの主張も聞かないとわからない。自分も悪かったかもしれない、と聞く耳を持つこと、そして自分の行いを振り返ることが大切だよ。

同様にもし、友達から「こんなことがあってね、全部アイツが悪いんだ」という話を聞かされたとしても、それを鵜呑みにしてはいけない。相手側の言い分を聞かない限り、本当のことはわからない

からね。
その友達が話していないやりとりがあったのかもしれないし、相手にそんなつもりがなくても友達が勘違いして悪く受け取ったかもしれない。事情を聞けば、必ずしもその相手だけが悪いとは言えないかもしれないんだ。

人は誰でも自分が正しいと思いたいから、本当のことであっても自分に都合よく話を盛ったりすることがある。だから一方の話を聞いただけで、自分もその相手が悪いと決めつけるのはとても危険なことなんだよ。

たとえばクラスのリレーの選手が、1日練習をサボったとする。それで、運動会で負けてしまったときに、ほかのメンバーが「あいつがリレーの練習をサボったから運動会で負けたんだ」などと言いふらしていたらどうだろう？

実はその子の弟が寝込んで世話しなければならなかったから、練習に出られなかったのかもしれない。そもそも負けたのは、その子だけではなくほかの子の問題もあったかもしれない。その子だけが悪いというわけでもないだろう。

そんなふうに「誰かが悪い。自分は悪くない」というのは簡単だし自尊心は守られるかもしれないけど、自分のよくないところから目をそらして、嫌な奴になってしまいかねない、非常に危険な行為なんだ。

迷ったときは…

★ケンカをしたときどちらか一方だけが悪いということはほとんどない

★相手の話に耳を傾ける

みちしるべ 11

「失敗や間違いはいけないこと」をやめる

誰でも頭が良くなりたいと思うし、何でもできるようになりたいと思う。そしてもし君が本気でそう願うなら、たくさんの間違いをして、たくさんの失敗をしなければならない。反対に、間違いも失敗もしない人は賢くはならないし何かを成し遂げることもないことを知ってほしい。

たとえばサッカーを始めたばかりの頃は、うまくドリブルできない。敵をかわせないしシュートも入らないかもしれない。でも何度も失敗して練習すれば、だんだん上手になる。試合で負けたら、「あの場面ではこうやったからマズかったんだ。だから次からはこう攻めてみよう」と振り返って反省し、次はどうすれば勝てるか考えて実践するだろう？

友達との関係もそうだ。なぜか友達を怒らせてしまった。自分のどういう発

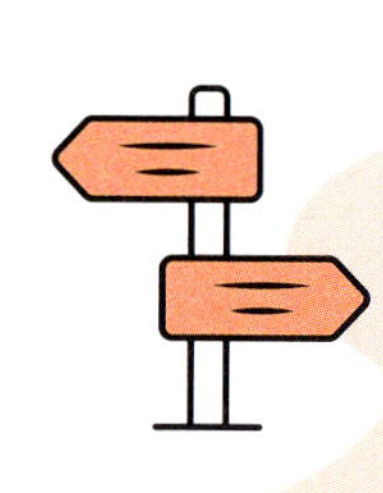

言、どういう態度がいけなかったんだろう？　次からはどう接したらいいんだろう？　そうやって振り返って、次はうまくいくように自分の言動を変えていくものだ。

つまり間違いや失敗をすれば、その理由を振り返るし、どうすれば次はもっとうまくいくかを考えて、工夫ができる。それを繰り返すことで、次の判断がより正確にできるようになるんだ。

だから宿題もテストも、最初はバンバン間違っていい。友達との関係も間違っていい。もちろん振り返りと改善をセッ

トにするのを忘れないでね。

そして失敗を恐れなくなることで、心も強くなる。間違えることや失敗をすることは悪いことじゃない、失敗を活かしてレベルアップさせられるんだとわかれば、新しいことや未知のことへの挑戦が怖くなくなる。これはすごく大きな強みになる。

さっきのサッカーの例でも、始めた初日にシュートが入らなかったからといって「ああ、もうダメだ」なんて思わないだろう？　なのに、たとえば大学受験を失敗したぐらいで「人生終わった」などと嘆く人がいるんだ。本当は何度でもやり直しができるのにね。

だから今のうちに、たくさん間違いや失敗を経験し、打たれ強い自分を作っておこう。約束する。これは将来、大きな財産となる。

それに、間違えたり失敗したりするというのは、「新しいことに挑戦しているから」ということであり、これもとても大切なことだ。自分が知らないことや、まだ経験したことがないからこそ、間違うし失敗もする。

学校の勉強でも、すでに習ったところは復習をしっかりやれば間違わなくなるよね。九九だっていつのまにかスラスラ言えるようになっただろう？　でもまだ習っていない単元や新しい教科に挑戦したら、最初は間違うわけだ。そんなときは、失敗するようなチャレンジをしている自分を誇りに思ってほしい。

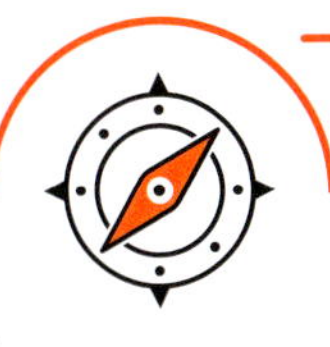

迷ったときは…

★失敗や間違いをすることで、改善できる
★間違いを恐れない強い心があれば新しいことにチャレンジできる

みちしるべ 12

「学校のイベントが苦痛」をやめる

「自分は運動音痴だから、運動会が嫌で仕方がない！」
「発表会の劇で自分は脇役だから、親に見られるのが恥ずかしい！」
「修学旅行のグループ分けが憂鬱……」

そう思ったことはないだろうか。やりたくないのに、苦手なのに、でもやらなきゃいけない。そんなときはどうしたらいいだろう？

僕からのアドバイスは、「逃げられないなら発想を変えてみよう」だ。

まず「自分は運動音痴だから、運動会が嫌で仕方がない！」なら。

運動会が憂鬱なのは、そこが競争の場であり、クラスのみんなや親たちの前で優劣をつけられるからだ。そして、運動会というのは走るのが速い子が目立てる場。だったら、そこでの勝ちは彼らに譲ってあげたらいいじゃない？

だって君は別のところで活躍できればいいんだから。どんな場でも主役になる人、引き立てる人がいて、たまたま運動会は君が引き立て役になっているだけ。別の場所で主役になればいい。

あるいは「競争の場」ではなく、単なる「お祭りイベント」と捉えるのもアリだ。するとプレッシャーやストレスではなく、楽しめるかもしれない。

ちなみに僕の子どもは、小さな頃から運動が苦手で、さらに「競争」も大の苦手だ。だから保育園の運動会も、小学校の運動会も、徒競走では全力で走ったことがない。のんびり笑顔で走り、観客席の親を見つけては手を振ったりして、いつもビリで悠々とゴールしていた。

でもそうやって競争を避けるのが彼なりの、苦手なイベントをストレスにしないで乗り切る工夫なんだろうと思っている。

発表会も同じように、脇役でも恥ずかしいと思うことなんてない。その役をやり切ることも素敵だし、脇役に徹して主役を立てるのも大事なこと。その場を楽しむために自分なりの攻略法を見つけよう。

最後に「修学旅行のグループ分け」について。

修学旅行に限らず、体育や理科の実験とか校外学習とか、班分けやグループ分けが行われる場面はそれなりにあるけど、そのたびに自分だけがあぶれてポツンと孤立してしまうということがあるかもしれない。

特別に仲が良い友達がいないから、声をかけてくれる人もいない。しかし仲良しの子たちは早々にグループを作ってしまい、もはやそこに入り込める感じがせず、よけいに気後れするということもあるだろう。

こんなとき、たいていは先生が助け舟を出してくれて、どこかのグループに入れてくれるものだけど、そうでない場合もある。

だからこればっかりは待っているだけではどうにもできず、自分から行くしかない。

そんなときは「自分以外にも誰にも声をかけることができず、待っている子がいるはずだ。だから自分がその子を助けてあげるんだ！」と冷静になって周囲を見渡してみよう。すると……いるじゃん！　自分と同じようにポツンとしている子が！　思い切って「一緒のグループにならない？」と声をかけてみよう。きっと「うん」と言ってくれるはずだよ。

という感じでよくある学校の憂鬱イベントの乗り切り方を紹介してみたけど、これはあくまで一つの例。大切なのは「嫌なイベントだとしても、どうすれば楽しくできるか」と発想の転換をすることだ。

「重要なイベントだ」と考えると重くのしかかってきてストレスに感じるから、「これで学校生活が終わるわけじゃないし」と気軽に捉えてもいいよね。

迷ったときは…

★ **自分が主役じゃない場も受け入れて楽しむ**

★ **イベントはあくまでイベントと割り切る**

みちしるべ 13

「自分の生き方を人に任せる」をやめる

これから先、中学校、高校、と進むにつれ、どんな道を選ぶか自分で決める必要に迫られる。どんな学校に行く？　仕事は何をする？　どこに住んで、誰と暮らす？　そんなとき、親や学校の先生のアドバイスも参考になるけれど、そのまま鵜呑みにしてはいけないよ。

たとえば「たくさん勉強すれば、いい大学に行けて、いい会社に就職できて、幸せになる」などというのを聞いたことがあるかもしれない。

しかし、君の親は、おそらく君より早くこの世を去る。そして君は、親が経験したことのない未来（時代）を自分の力で生きていかなければならない。なのに、親の言うことに従うことが、本当に君のためになるのだろうか？　いい大学に行って、いい会社に行けば本当に幸せになれるのか、自分が大人になっ

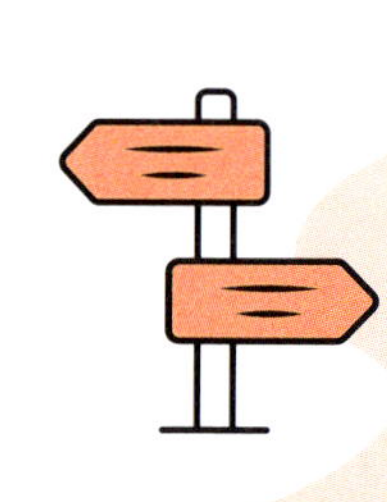

た10年後、20年後でも通用する考えなのか？　を考える必要がある。

もちろん今の君にはまだ難しいことだとは思うけれど、覚えておいてほしい。今の親の考えは、未来では通じないかもしれないということを。

僕自身、中学生のときに親から「高校と大学ではなく、※高専へ進学して手に職を付けてほしい」と言われていたんだ。僕の親は中卒で学歴もスキルもなく、苦労した経験から、「手に職を付けた方がいい」という考えを持っていたんだね。

でも当時の自分は、「高専に行くより、大学に行った方ができる仕事の選択肢が広がるんじゃないか」と思っていたから、反対を押し切って、高校から大学に進学した。

だからこそ仕送りはなく、自分でなんとか資金を工面するしかなかった。学費を奨学金で賄い、生活費もアパートの家賃も、いろいろなアルバイトをして稼いだ。もちろん大変ではあったけれど、自分で選んだ道だから、不満なんて感じたこともなかった。

当時、父親はきっと僕にがっかりしただろう。でも僕はあのときの判断は間違っていなかったと今でも思っている。そうやって自分の進む道を決められるよう、今から自分で考える習慣を持つことが大切だ。

※高専…「高等専門学校」を略したもの。中学校卒業後、5年間で実践的・創造的な技術者を育てることを目的にしている。

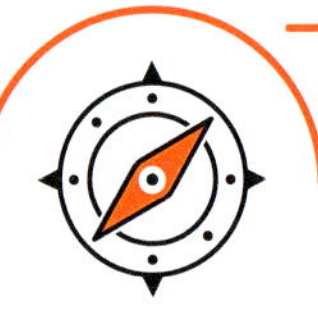

迷ったときは…

★親や先生も未来のことはわからない

★自分で考えて、自分で決めることが大人の第一歩

第三章

自信を持つためにやめること

大人になっていくにつれ、人と比べて落ち込んだり、自分が嫌いになってしまう子もいる。一人ひとりが自信をもって過ごすには何をやめたらいいのかな。

「自分の見た目が嫌い」をやめる

思春期に入ると、自分の外見が気になるようになる。特に異性に好かれる見た目になりたいと思うことは、子孫を残そうとする生き物の本能だから、自然なことなんだよ。

たとえばクジャクのオスは羽を広げてメスに好かれようとするし、ライオンのメスはオスに自分のお尻のニオイをかがせてオスを誘う。異性に好かれたいのはあらゆる生き物に共通の欲求なんだろう。

そうなると美人やイケメンが得をしているように見えることもあるよね。だからそういう子を見ればうらやましく感じるし、自分がモテていなければ、落ち込むことがあるかもしれない。でも必要以上に気にすることはないんだよ。

10代はまだ経験が少ないことから、人の魅力を「見た目」「運動ができるか」「勉強ができるか」といったわかりやすい基準でしかはかれない人も多いんだ。

でも成長するにしたがって、**人の価値はそれ以外の要素が複雑にからんでくることがわかってくる。**見た目以前に人間としてより重要なことがあるんだとね。たとえば思いやりがあるか。自分勝手な人間は、いくら見た目が良くても付き合いきれないよね。

だから見た目に絶対的な価値を置くのではなく、大人を先取りして大人の評価基準を取り入れてみてはどうだろうか。

たとえば挨拶をかかさない、笑顔を絶やさない、感謝の言葉を忘れない、人の話をよく聞いて共感してあげる（これ、大人になったら絶対にモテる要素だよ！）、自分が言い出したことは責任を持ってやり遂げる、困っている人がいたら助けてあげる、とか。

さらに言うと、**自分の見た目のことを意識しすぎないのが最も快適に過ごせる方法**だ。「自分は自分のままで良い」と受け止められるといいよね。

そこで一つの提案は、自分が夢中になれることに打ち込むこと。何かに没頭しているとき、自分の見た目には意識がいかないものなんだ。

僕も子どもの頃、昆虫採集、ローラースケート、釣り、秘密基地づくり、プラモデル、サバイバルゲームなどなど、いろんなことに夢中になっていたから、自分の容姿とかモテるかどうかとか気にしたことがなかった。

でも、中学生になると、顔中にニキビができて、かなり悩んだことがあったんだ。いろんな薬や化粧品などを試したけど、ニキビはどんどん増えるばかり。当時好きな子がいたけれど、こんな顔を見られるのが恥ずかしくて、卒業までの3年間、彼女に近づくこともできなかった。

でも、部活でキャプテンをやったり、生徒会活動をやったり、高校受験に没頭したりしていたら、その悩みにも耐えることができたんだ。そして高校に上がる頃にはニキビも収まり、あのときの悩みや苦しみはなんだったんだろうと思ったよ。

整形や脱毛をしてもいい？

それでもどうしても外見が気になる？　整形すれば何かが変わりそう？

確かに整形などによって自信を取り戻し、人生が変わったという人もいる。最近は小学生でも化粧や脱毛をする子が増えているしね。子ども向けの本などでもメイクの仕方を教えてくれたりするようだ。

だけど、子どものうちに勝手にピアスを開けたり、整形したりしてはいけない

よ。大切なのは、まずは親に相談をすること。
「なんで？　自分の身体は自分だけのもの。誰に迷惑かけるわけでもない。だから自分の好きなようにしていいじゃない！」と思うかもしれない。

半分はその通りで、半分は間違っている。

たとえばもし君が病気になったとき、今の君は親からお金と保険証をもらわないと病院で診てはもらえない。それはつまり自分の身体に自分で責任を持てないということだ。

ピアスをすると、そこから雑菌が入り、ひどく化膿したり、金属アレルギーになったりする危険もある。脱毛や整形も、副作用があったり、思い通りの結果にならないことだってある。そんなリスクも含めて、**自分で責任を持てないうちは何でも自由にしていいということにはならない。**

自分で健康保険に入り、自分で保険料や治療費を払えるようになったら、好きなようにしていい。大人になって独立・自立し、自分の身体に自分で責任を持てるようになれば、自分の身体を自由にしていい。

あなたの身体は確かにあなたのものだけど、あなたはまだ未成年だから、親があなたの身体と健康に責任を持っている。だから、そういう大事なことはまず親に相談してみようね。

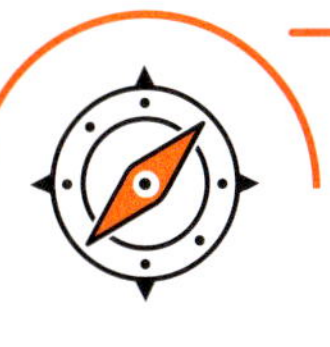

迷ったときは…

★外見（容姿）以外の魅力を身につける

★熱中できることを見つけて容姿について意識する時間を減らす

「内向的な自分が嫌い」をやめる

「自分の性格が嫌い」「自分のこの性格を変えたい」なんて考えたことはあるだろうか。

実は僕も若い頃はそう思ったことがある。いつも場の中心にいて、周囲を盛り上げられるクラスメートを見ては、「自分もああいうふうに注目を集めたい」と憧れたことがある。なぜなら僕は小さい頃は人一倍の人見知りで、引っ込み思案の内向的人間だからだ。

それでも僕は今、とても幸せな生活を送っている。それは、**自分の性格を理解して、その特性が活かせる人や場所を選んで仕事をしたり、人と付き合っているから**なんだ。逆に言うと、自分の性格が活かせない場にはなるべく近寄らないようにしているよ。

そもそも外向的とか内向的ってなんだろう？　わかりやすい例として、エネルギーを得る方法、エネルギーを使う方法の違いがある。

外向的な人は、外に出て、人と会い、刺激的な経験をしてエネルギーを得る。そして「次は何する？　次はどこへ行く？」と新しい活動をしていくことを好むんだ。逆に、一人でいる時間が長くなると、刺激がなくてエネルギー不足になる特徴がある。

一方、内向的な人は、一人になり、自分の内側に向かって考え事をすることで

エネルギーを得る。そして、多すぎる刺激よりも一つのことをじっくり追求する方を好む。逆に、外に出て人と会うとエネルギーを消費して疲れてしまう特徴がある。

また外向的な人は、外部からの刺激にポンポンと反応できるため、会話のレスポンスが小気味いいとか、交渉上手だったりもする。だからクラスの中心にいるように見えるんだね。一方、内向的な人は、外部の刺激をいったん自分の中に取り込んで、消化してから返そうとする。だからレスポンスは遅いし口数も少なくなる傾向が強いんだ。

外向的か内向的かは、どちらが良いか悪いかということではない。肌の色が違うからといって、人間としての魅力や価値には関係ないように、内向的か外向的かという資質も、人間としての価値には無関係なんだ。だったら、自分がより生きやすい環境を探す方が、簡単で、自分のためになると思うよ。

僕の長男は自閉症スペクトラムという発達障害があって、人とのコミュニケーションが苦手な傾向がある。だから大勢の中にいると萎縮するし、友達もあまりいない。だけど彼は一人で黙々と没頭できる図画工作が得意で、絵画展に入賞したこともある。そうやって自分と向き合う創作や活動は、実は内向的な人の方が得意とも言われているよ。

内向的でも外向的でも、自分がイキイキとできる場所やものを見つけられるといいね。

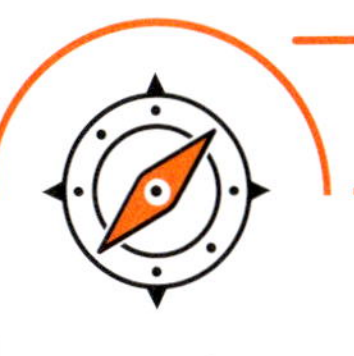

迷ったときは…

★外向的でも内向的でもいい
★内向的なら、そんな自分が生きやすい場所を見つけよう

みちしるべ 16

「口下手な自分はダメだ」をやめる

前の項目でも書いたように、口がよく回る人、外向的でおしゃべりな人はコミュニケーション上手と思われることがある。だけど、コミュニケーション能力とおしゃべりなことはまったくの別ものだ。

コミュニケーション能力とは「自分の伝えたいことが的確に相手に伝わり、相手の思っていることも的確に受け止める」ことだ。

なので、一方的にしゃべるだけの単なるおしゃべりさんはコミュニケーション上手とは言えない。逆に、口数が少ない人でも相手の話をきちんと聞いて、適切なリアクションができるならコミュニケーション上手とも言える。

そもそも人は、自分のことを語るのは大好きだし、教えることも好きなんだ。だから、**引っ込み思案で口下手な人がコミュニケーション術をみがくには、ズ**

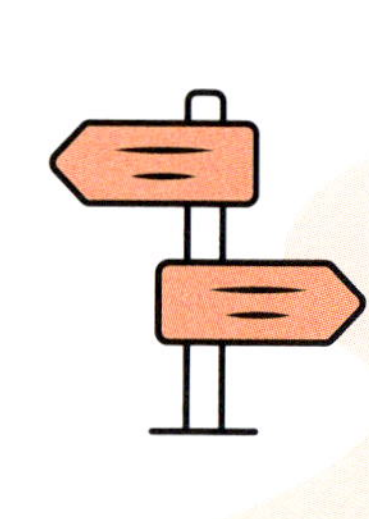

バリ「質問力」を高めることだ。

質問するときに大切なのは、「相手がしゃべりたいこと、言いたいことを聞く」ことだ。そして、質問の答えに対して「それはちょっと違うと思うよ」などと否定的な反応をしないようにすること。

人は誰でも、自分のことを否定する人に反発するし、いい気分はしないものだから、どんな返事であっても、まずはいったん「へえ、そうなんだ！」と肯定してあげるのが大事だよ。

そして、**大事なのは話す力よりも聞く力**。難しい言葉で言うと「傾聴する力」

だ。これは相手がしてほしいリアクションをしてあげるスキルのこと。そのために、相手をよく「観察」し、相手の言葉だけでなく声のトーン、表情やしぐさなどから感情を探ることだ。ここでいう「観察」とは、相手がどこにリアクションしてほしいのか、そのタイミングを見極めること。

たとえば「ついにあの遊園地に行ってきたよ！」と言う人と「遊園地に行ってきたんだけどさぁ（ため息）」と言う人では明らかにその後に言いたいことが違いそうだということがわかるよね。前者は感激が、後者は何かがっかりしたことがあったのではないかと推測することができる。

感激であれば、「いいな〜！　で、どうだった？」というポジティブなリアクションがいいし、後者であれば、「え、何かあったの？」といった落ち着いたリアクションになるだろう。つまりそこにどんな感情を持っているかによって、こちらの反応を調整するんだ。相手の感情に寄り添い、合わせるんだ。

また、相手の話を途中で遮るとか、「僕はそうは思わないな」などと否定したりしないことも重要。特別に感情移入しなくても、相手の感情を受け入れれば、仮に相手の意見や主張に同意できなくても、「そっか、そう感じたんだね」と共感することはできるはず。つまり傾聴とは、単に相手の話を聴くという単純なことではなく、相手への思いやりでもあるんだ。

口下手だと思うなら「質問力」と「傾聴力」で差をつけよう。

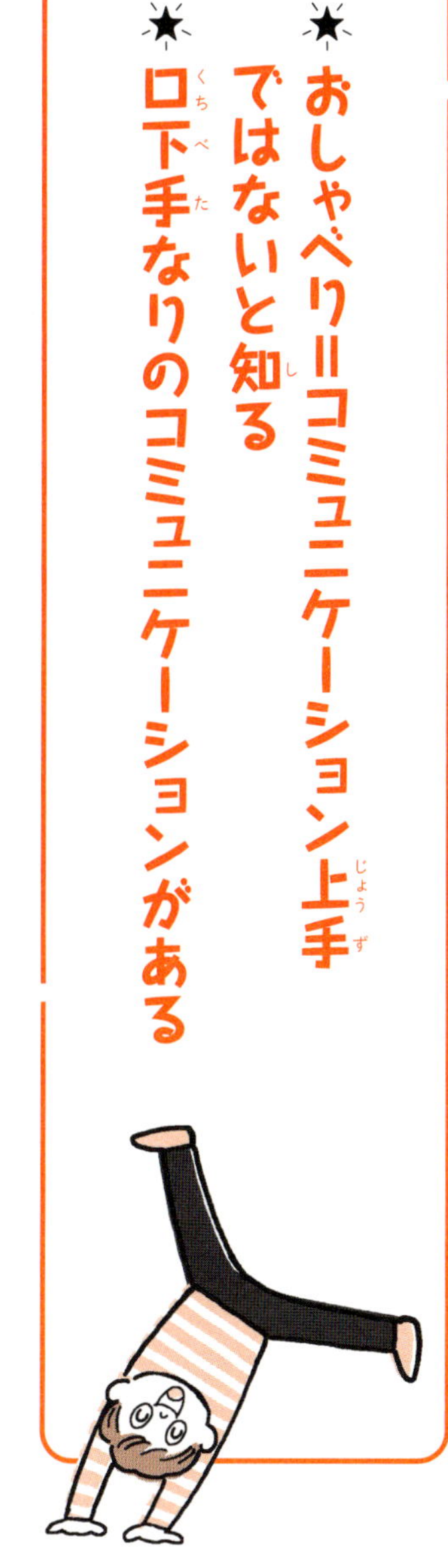

「自分のことをわかってくれない」をやめる

親や学校の先生、友達が、自分のことや言いたいことをわかってくれないと思ったことはあるだろうか。もしあるなら、それは自分の考えを的確に言葉にする能力や、それを周囲に伝えられる表現力が足りていない可能性がある。

よくある冗談に、「今日も・キレイだね」と「今日は・キレイだね」という一文字違いの文章がある。これはどちらも褒め言葉のつもりで言っているのに、片方は相手を怒らせてしまう可能性があるって話。

もうわかったかな？「今日も」なら、「昨日もその前もキレイだと思っている」ことが伝わるけれど、「今日は」だと「昨日や一昨日はキレイだと思わなかったけれど、今日はキレイだと思った」と思われてしまっても仕方ないというわけ。たった一文字違うだけで相手の理解が変わってしまうんだ。

だから「わかってくれない」と感じるなら（もちろん本当にわからない人もいるけれど）、**自分の語彙力や表現力などを含めた言葉の使い方を訓練するしかない。**

もしあなたが今10歳なら、これから約80年間も言葉を操って生きていくことになる。これまでの8倍も長いんだよ。だから言葉をうまく使えるってことは、将来とてつもなく大きな差になる。だから今鍛えておくべきなんだ。

今鍛えておけば、これから80年間も楽しく過ごせる可能性があるけれど、その能力が低ければ、ずっと不遇な人生にな

るかもしれない。いや、その確率はかなり高い。

じゃあ、どうすればいいのか。

一つは、ありきたりだけど、**「学校で習う国語の勉強をしっかりやる」**だ。「なんだよ〜」とがっかりしたかもしれないけど、学校の国語は、長年にわたって作り上げられてきた、言語習得のための非常に優れたプログラムなんだ。だからこれは基本中の基本。まずは学校の国語を、ほぼ完璧に近い状態まで勉強すること。よく先生の話を聞いて、忘れる前にしっかり復習しよう。

もう一つの方法は、**「たくさんの本を読み、たくさんの文章を書くこと」**。読む本のジャンルはなんでもいいけど、小説やエッセイはマンガと違って絵がない分、自分で想像するから想像力や表現力がみがかれてオススメ。

そしてちょっと難しいけれど「小論文」を書いてみるのもいいよ。小論文は起承転結といった文章を作る力や、論理的に考える力を鍛えてくれる。中学受験用の問題集を解いてみてもいいね。書いたものが間違っていても、自分で考えることが大切だから、気にすることはない。ちょっとハードルが高いなと感じたら、日記でもいいよ。とにかく分量の多い文章を書く習慣が大切なんだ。

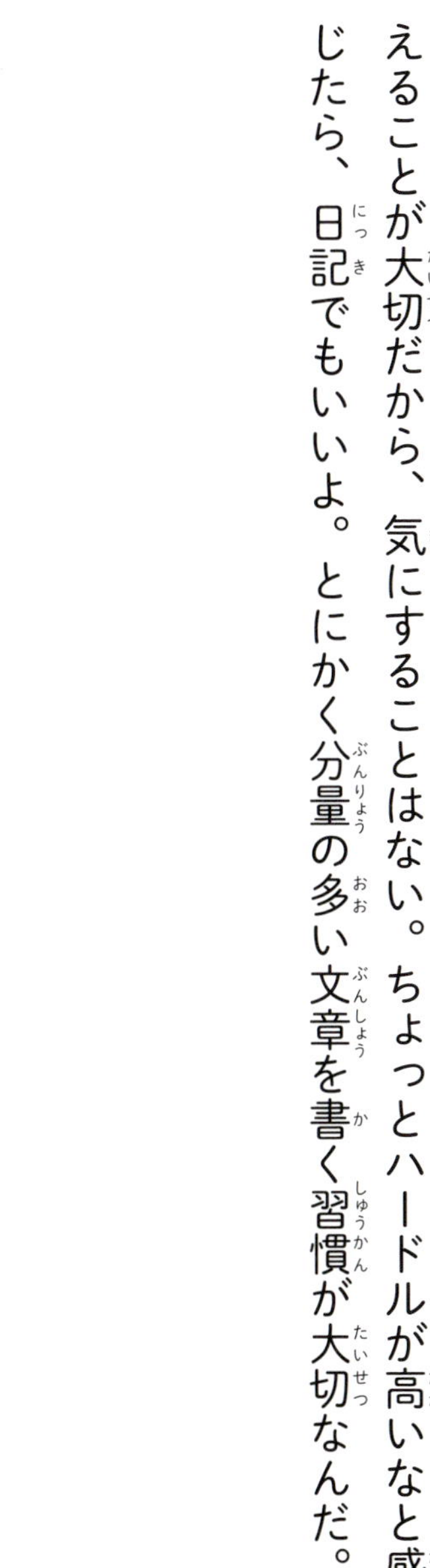

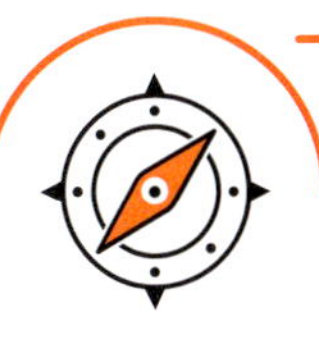

迷ったときは…

- ★自分のことをわかってくれないのは自分の伝え方が悪いのかも
- ★伝えるには、語彙力・表現力が大切

みちしるべ

18

「大人は反対ばっかりする」をやめる

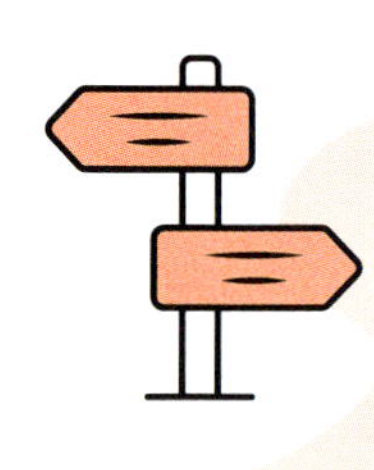

「友達はみんなスマホを持ってるのに、私だけ持ってない。ほんとウチの親はわからず屋」などと思ったことはないだろうか。

では君の親は、なぜスマホを買ってくれないのだろうか？

そもそも親は（というか人間は誰でも）エスパーではないから、ちゃんと言葉にしないとわかってくれない。それは当然だよね。

同時に、親を説得できない自分の言動を見直す必要がある、ということに気が付くだろうか。というのも、あなたの説明が論理的で説得力があって、かつ強い本気度を示せば、たいていはわかってくれるからだ。

論理的とか説得力とか言うと難しく感じるかもしれないけど、ただ単に「欲しいから」とかいう根拠のない欲求じゃなく、**「なぜ必要なのか」という、そ**

の理由を説明することが必要なんだよ。

たとえば「私がスマホを持つべき必要性について」考えてみよう。

①災害時でも連絡が取れるしGPSで居場所がわかるから安心
②わからないことを検索できる。電子辞書がいらなくなるので節約にもなる
③電子書籍で読書もできるし、学習アプリで勉強もできる

とかね。

つまりただ「ゲームがやりたい」なんていう遊びだけの目的とか、「みんなが持っているから」という横並びな理由だけではなく、それをすることによって自分が成長したり、家族の安心が得られるということを説明してみてはどうだろうか。

また、大人が反対する理由も考えてみよう。

今、10代の子どもが※SNSや出会い系サイトを通じて事件や事故に巻き込

まれたり、詐欺の被害に遭うことが増えているのはニュースとかで知っているよね？　あるいはＳＮＳ依存とか、ネット上でのいじめも問題になっている。

あなたの親もこんなことが心配で、スマホを与えていないんじゃないだろうか。それはつまり、まだあなたが十分に信用されていないってこと。じゃあ信用されるにはどうしたらいいか。

たとえば自分なりのスマホの使い方のルールを考えて、宣言するという方法。たとえば、スマホを使うのはリビングだけ、動画の視聴は１日１時間まで、ネッ

トで知らない人に誘われても絶対に会わない、とかね。そしてその宣言を破ればスマホを返上するぐらいの覚悟を見せれば、親も考えてくれるかもしれないよ。

スマホに限らず、これから先も、習いたいことがあるとか、行きたいところがあるとか、欲しいもの・してほしいことが色々と出てくるだろう。

そんな場面で親に何かをお願いするときに、**ただ「欲しい」ではなく、「なぜ必要なのか」を説明すること、そして親が反対する理由を想像し（親に直接聞いてもいい）、その理由を解決できるような提案を君がしなければならない**よ。

感情的にならないことが大切

もう一つ大切なことがある。それは、こういった話をするときには決して感情的になったりヤケになったりしないこと。目を見て穏やかな口調で、冷静に話すことを心掛けるんだ。

自分の思い通りにならないからと声を荒らげたり、ケンカ腰になってはいけない。自分の要求を本気で通したいと思ったら、ふて腐れたい気持ちをぐっと抑えなければならない。

たとえば「もういい！」「もう知らない！」などとキレて逃げる子がいるけど、ということはその子の要求は、途中でやめられる程度のものだったってこと。それはつまり「本気じゃない」。本気じゃない要求を親が聞いてくれるわけがないよね。

これは学校の先生やほかの大人に対しても同じで、**議論するときに感情的になったら負け**だ。議論はより良い結論に導くための手段なのに、それではただのケンカになってしまう。本気で自分の意見を通したいと思ったら、むしろ大人の方が感情的になるくらい、あなたは冷静な態度を貫かないといけない。

ただし、君が怒っていい場面はある。

親が「真剣にあなたの話を聞いてくれないとき」「何度聞いても納得できる

理由を示さずダメ出しするとき」は、むしろ怒ることで「自分は真剣なのに、その態度はなんだ！」というアピールをしてもいいと思う。

自分の気持ちと言葉をうまくコントロールして、意見を伝えられる大人になろう。

※SNS…「ソーシャルネットワーキングサービス」を略したもの。インターネット上で交流したり、表現したりするためのサービス。

迷ったときは…

★親を説得させられる力を身につける
★人と話し合うときは感情的にならないことがポイント

みちしるべ
19

「相談できない」をやめる

人から嫌なことをされたとき、困ったことが起きたとき「これを言ったら嫌われるんじゃないか」などと考えて、自分の気持ちを伝えられない人って実は少なくないんだ。


誰にも言えないとか、相談できないという理由の多くが、

「恥ずかしい（弱みを見せたくない）」

「心配をかけたくない」

「言っても対処してくれないかもしれない」

などの心理的な抵抗感や、

「自分が悪いからなんだ」

「自分だけがガマンすればいいんだ」

などの自己犠牲的発想だ。

まず、「人に助けを求めることができる」のは、恥ずかしいことでもなんでもなく、むしろ「強み」だということを知ってほしい。**助けを求めることができるのは、「ピンチを切り抜ける」というサバイバル術の一つ**を手に入れていると言ってもいいくらいだ。

考えてみてほしい。歴史も文化も異なる世界のどの国であっても、人間は助け合って生きてきただろう？

たとえばオオカミが襲ってきたら……。戦いに長けた人がいればそれ以外の人も含めて全員助かるかもしれない。薬草を見分けられる人がいれば治療ができる。魚がとれる場所を知っている人がいればそこに移動して住むことができる。そうやってそれぞれが助け合うことによって生き抜いてきた。

しかし助け合えなければオオカミに食い殺されたり、食料が確保できず飢えたりして滅ぶことになる。

現代では生きるか死ぬかという状況にはなかなかならないけれど、助けを求めるのはピンチを切り抜ける手段と言える。それが人類の知恵の一つだ。

もう一つ、**誰かから相談されるというのは、多くの人にとってはうれしいこと**なんだ。

だって、考えてもみてほしい。自分に弱みを見せてくる、相談してくるというのは、自分を信頼して頼りにしてくれているってことだろう？　これはとても誇らしく、うれしいことだ。だから人に相談することは、相手に迷惑をかけることではなく、相手を喜ばせる行為だと捉え

てみよう。

特に親は、子どもに全面的に頼りにされたいと思っている。子どもの悩みや問題を解決する手助けをすることを、無上の喜びに感じるものだ。だから君が親に相談することは、最強の親孝行でもある。

「勉強ができない」なんて言ったらがっかりするかな、「仲間外れにされている」と言ったら心配させちゃうかな……そんな心配はしなくていい。君が一人で悩んでいることこそ、なによりも親を心配させることだって覚えておいて。

最後に、あまりよろしくないのが「自分だけがガマンすればいいんだ」と考えて人に相談できないという人。なぜよろしくないかというと、自分が良かれと思っているその行為は、実は誰も喜ぶことがなく、自分だけが損をするという、ガマンや悩みがまったく報われない典型的なパターンだからだ。

というのも、君が自分を犠牲にしてガマンしているかどうかなんて周囲にはわからないからだ。だから「あの子、がんばってるなあ」などと思われることはない。

心が傷ついている子は、なにかつらいことがあっても「自分が悪いんだ」という発想をしやすい。だけど、そうではないからね。

親に話しにくいときは、学校の先生やスクールカウンセラー、保健室の養護の先生に話してみるのもいいと思う。

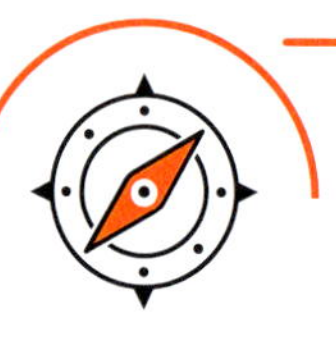

迷ったときは…

★「助けて」と言えることはあなたの強み
★相談されることは相手にとってうれしいこと

第四章

心を守るためにやめること

友達や先生、親との関係で、ぎくしゃくしたり、うまくいかないことってあると思う。そんなとき、どんなふうに考えたらいいか一緒に考えよう。

みちしるべ

20

「人のせいにする」をやめる

「学校の忘れ物をしたのは親のせい」
「自分の成績が悪いのは先生のせい」
こんなふうに思ったことはないだろうか？

自分の不満、自分のミスを誰か他人のせいにするのは簡単だけど、それは思考停止とイコールだ。逆に「自己責任」という意識を持てば、忘れ物をしないよう自分でカバンの中を確認するだろう。学力が上がるよう、学習アプリや動画の学習チャンネルで勉強することもできるだろう。

誰かのせいにしようとするから「こういうことが起こるかも」などと想像もしないし、想像しないから備えもしない。しかし**自己責任意識が強ければ、自分で対処しようとする**。この姿勢が重要なんだ。

なぜなら、この世の中は平等でも公平でもなく、すべては自らの力で掴み取るしかないからだ。僕たちが生きる世界は、不平等で不公平で理不尽だらけだ。自分よりもお金持ちの家に生まれた子もいれば、自分よりも貧しい家に生まれた子もいる。見た目がいいというだけでチヤホヤされる子もいるし、学力に面白さにかっこよさまで、天に二物も三物も与えられた子もいる。

そんなとき、「こんな世の中はおかしい」と怒り、嘆くだけで終わるのか。それでも何とかしようと立ち上がるのか。

君はどっちだろう。

昔の日本には「元服」という、一人前の大人の仲間入りを果たす儀式があって、11歳で元服式が行われていたこともある。つまり社会的には11歳で大人扱いされていた時代があったんだ。人間の本質がそう変わらないことを考えると、君たちももう子どもじゃないということがわかるだろう。

「親ガチャ」に逃げない強さ

「親ガチャ」という言葉を知っているだろうか。これは「子は親を選べないガチャガチャのようなもので、ハズレの親のもとに生まれてきたら人生終わり」という意味らしい。

確かに子どもからしたら「ハズレ」としか思えない親もいる。そして子どもは親の影響を受けるから、親に責任の一端があるのは事実だろう。しかし「親ガチャ」などといって責任を親に丸投げするのは、「自分は能無しではないのに、たまたま親がハズレだったせいで自分が不遇なだけ。親に恵まれていれば、自分はもっと活躍でき、幸せな人生だったはず」という、言い訳にもなりうる。誰かのせいにして責任転嫁する思考は、自分のポンコツさを認めたくない、だけど努力するのは面倒、でもそれは自分のせいじゃないと思いたいだけのこと。実際、大人でもいる。「お金がないからできない」という人は、お金があっても何もできない。「時間がないからできない」という人は、時間があっても何もできない。同様に、「親のせいで何もできない」という人は、親が神であっても何もできないものだ。

自分で選べない条件でいえば、さらに「国ガチャ」や「環境ガチャ」というのもあるだろう。

たとえば世界には戦争や紛争が起きている地域で生まれて、生きるか死ぬかという状況に直面している子どもがいる。学校にも病院にも行けず、難民にならざるを得ないこともある。

貧困のために親に捨てられて、路上で生活するストリートチルドレンもいる。育児放棄する親は日本でもいるけれども、完全に子どもを路上に追い出すのはやはりレアケースだし、そういう意味では日本は保護制度が整っているだろう。

そうしたことが日常的ではない日本という国に生まれたというだけでも、実は人生ゲームで最初からサイコロの6の目を出して始めたに等しいぐらい恵まれたことなんだ。

環境でいえば、世の中には、生まれつき身体の不自由な人もいる。不慮の事故や病気で、後天的にそうなってしまう人もいる。パラリンピックなどでは、選手たちの境遇やそれを乗り越える努力などを知る機会があったと思うけれど、自分が置かれた状況で努力する姿はすごくかっこよかったよね。

状況は違っても、自分に置き換えて考えることはできるはず。ただ自分の不遇を嘆くという視野の狭さは、単に「ないものねだり」をしている駄々っ子に過ぎない。

治安も良く人権も保障されている日本で、そして知性を持つ「人間」として生まれてきた以上、**「自らの知恵と工夫と行動力で人生を切り開く」ことこそが生きる意味**ではないだろうか。

ないものねだりをしても仕方がない。努力して獲得するか、あるいは自分が持っているもので勝負するしかない。そしてそれこそが「個性」であり、君が君である理由だ。

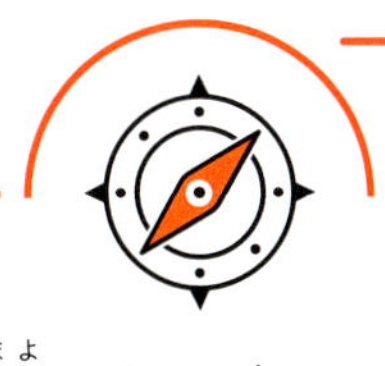

迷ったときは…

★人のせいではなく、自分のせいだと考えられるようになると自分で解決する力が身についていく

みちしるべ 21

「なんでアイツばっかり」をやめる

人は自分が持っていないものを他人が持っていると、うらやましいと感じる。たとえば学校でも、運動ができるとか、異性からモテるとか、勉強ができるとか。それらをうらやむ気持ちを一般的に「嫉妬」と言う。

しかし喜怒哀楽とは違って、特に嫉妬は他人に打ち明けられない感情、認めたくない感情だ。多くの人は「自分はあの人に嫉妬している」とは言いたくないし、認めたくないもの。

ただ、ここで大事なことは、人間に備わった感情には必ず意味があるということだ。では嫉妬にはどういう意味があるのだろうか。

嫉妬が起こるのは「自分の居場所や立場が脅かされたとき」だ。たとえばクラスの友達が先生に褒められたとき。先生がその友達のことばかりを評価して、

代わりに自分の評価が下がってしまうのではないかと不安になることがある。
そんなとき、「なんでアイツばっかり」などと相手を否定することで、自分自身のプライドを保とうとする人がいる。「いじわるを言ってやろう」「邪魔してやろう」と思うこともあるかもしれない。良くないこととわかっていても、やってしまうこと、あるよね。

その理由は、それが楽だからだ。努力して相手を上回るのは大変だし時間もかかる。それに、自分の方が劣っているとは思いたくないし認めたくない。

そこで相手を貶めれば、相対的に自分の方が優位に立てる（ような気分になれる）。しかしそれでは事態は何も良い方にいかないというのはわかるはずだ。

では、どうしたらいいか。**嫉妬が起こるのは「他人の方が自分より優れている、あるいはそのうち越されそう」な状態だから、その気持ちを相手に向けずに自分に向けるのがいい。**つまり、「もっと努力が必要だと気づくチャンス」

であり「がんばるための燃料」だと思うこと。「うらやましい！　だから自分もそうなれるようがんばる！」というわけだ。

「うらやましい」と感じるということは、それは自分が望んでいることを他人が成し遂げたから。つまりそれは、「自分の目標」を確認できる場とも言える。そう捉えれば「あなたのおかげで私もやる気になった」と自分に言い聞かせ、自分は自分の目的・目標にフォーカスすることができるようになるんじゃないかな。

嫉妬はほとんどの人にとって一生付き

合っていく感情だ。だからうらやましいからといって相手を引きずりおろすことに一生懸命になるのか、やる気を出してより努力を重ねるか、どちらが自分にとってプラスになるかは明らかだよね。

迷ったときは…

★嫉妬しそうになったら、その気持ちをエネルギーにして努力をしよう

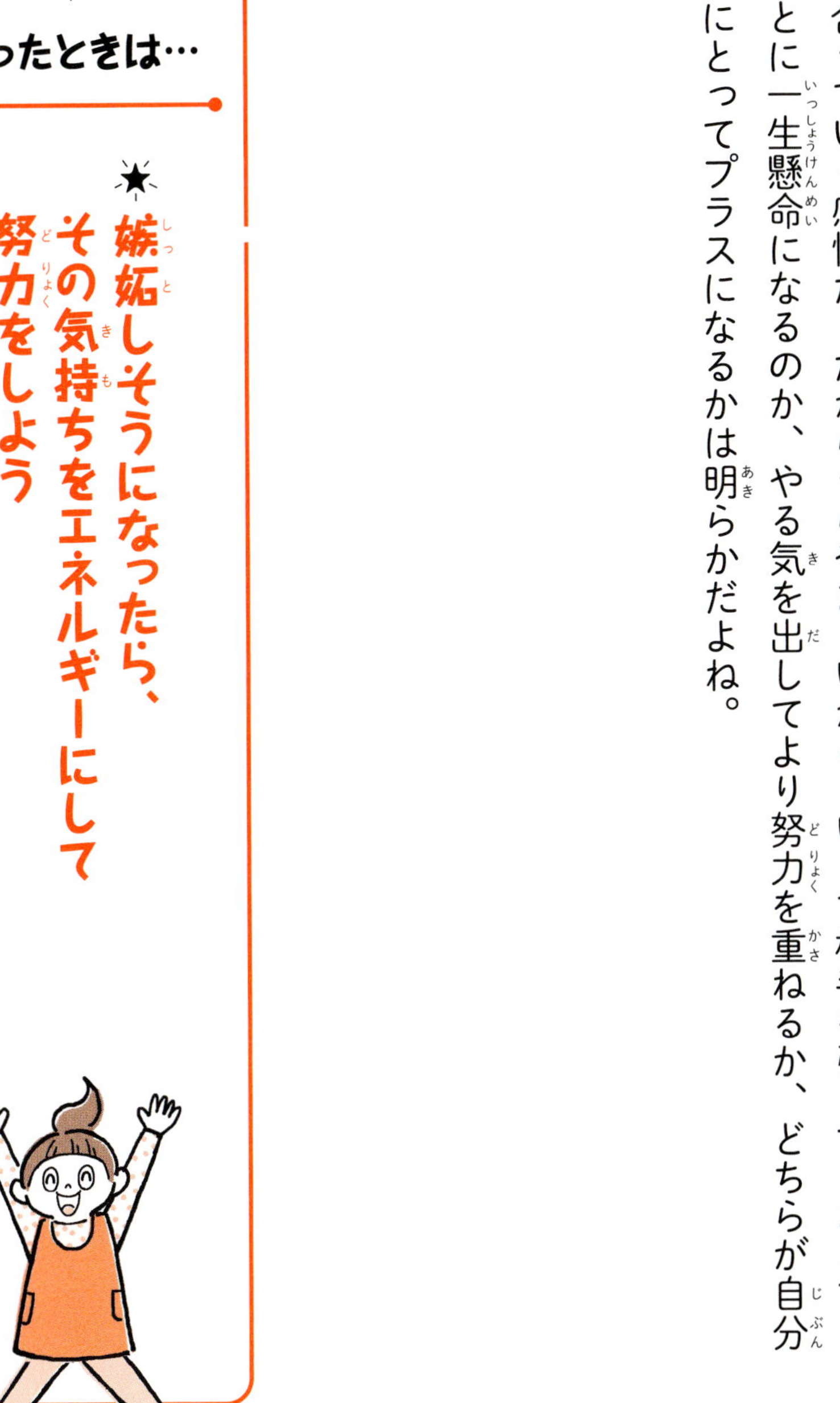

みちしるべ
22

「あきらめちゃいけない」をやめる

漫画などで「オレは絶対にあきらめない！」などというセリフが使われ、多くの人が感動する。そして大人はみんな「あきらめるな」「あきらめたらそこで試合終了だよ」などと言う。だからあきらめないことを美徳に扱い、あきらめない人を称賛する。

でも、あきらめるって、そんなに悪いことなんだろうか。実は僕はそうは思わないんだ。それは、あきらめることには、「良いあきらめ」と「悪いあきらめ」があると思うから。

まず**「良いあきらめ」とは、軌道修正のためのあきらめ**。そもそも、がんばることや継続することは、手段であって目的ではない。さらに詳しく言うと、「よいあきらめ」だと判断するには二つの視点がある。

一つ目の視点は、**「効率の悪さに気が付くこと」**だ。たとえば自分なりのやり方でやっていても成果が出ない。このとき、自分のやり方が間違っているのではないか？　と気づくことができれば、やり方を変えるとか、新しい別のやり方を取り入れようとするだろう。

二つ目の視点は**「努力の方向転換」**。

たとえば、ずっとピアノをやってきたけれど、コンクールではなかなか入賞できない。自分より上手な人がたくさんいて、とてもあのレベルで競争できるとは思えない。そんなふうに、自分の限界を突き付けられることがある。そのとき、ピア

ノより勉強の方が自分に向いているのでは？　などと、よりエネルギーを注ぐべき別の分野に気づいたりする。

ただしこれと裏表になるのが「悪いあきらめ」だ。それは**「後悔が残るあきらめ」**だ。

練習や努力がしんどいからと、その苦しさから逃れるためだけにいろいろ理由をつけてあきらめると、「あのとき、どうしてもっとがんばれなかったんだろう？」などと後悔することになる。

「自分はもうこれ以上はできないという限界まで取り組んだか？」そうやって悩んだ結果の結論なら、後悔が残ることはない。プロスポーツ選手などの引退会見を見て、すがすがしく感じるのは、悩んだ結果、自分の努力に納得し、やめることにしたからなんだと思う。

ただし「あきらめずに耐える」とは、耐えてがんばった先に、より大きな価値が待っていることが前提になる。たとえばいじめられて耐えたとしても、耐えてがんばった先に明るい未来があるとは限らない。こういうのは耐える価値はない。だから「やめて！」と声をあげるか、先生や親に相談して状況を変えよう。

しかしたとえば「あと200メートル耐え抜けば、マラソン大会で優勝できる！」というときなどは、「もう無理！　でも死ぬ気でやるぞー！」などと苦しさに耐える価値があるというものだ。

迷ったときは…

★やり方が間違っているときはそれを変えるために「あきらめる」

★他のことをがんばるために「あきらめる」

みちしるべ
23

「簡単にあきらめる」をやめる

前の項目で「『あきらめちゃいけない』をやめる」って書いたのにあきらめちゃいけないっておかしいかな？　僕がここで言いたいのは「あきらめてもいいんだ」と安易な解釈をすると、「あきらめ癖」がついてしまうってこと。

ちょっとつまずいたらすぐにあきらめる人っているよね。こういう人は、自分の思い通りにならないのが強いストレスとなり、「もういいや」と放り投げてしまう。これはあきらめではなく無責任な行為だ。

「あきらめる」と「無責任」は、パッと見の行動は似ていても、中身はまったく違う。

あきらめる決断は、すごく苦しいもの。悩みもがいた結果でもある。なぜなら、相応の時間と努力を積み重ねてきたことだから、それを捨てるのは自分にとって重い決断だからだ。だから周りの人はその決断を尊重する。

一方「無責任」な人は、そういう積み重ねをしていない。だから簡単にやめられる。そういう人が周りの人から尊敬されることはないんだよ。


そして、人には絶対にあきらめてはいけない場面が2種類ある。

一つは、誰にも譲れないほど大事なこと。たとえばスポーツでも音楽でも、誰にも譲れないほど大事であれば、自分に才能がないなどとは思わない。むしろ「才能だと？　それがどうした。そんな

もの私がくつがえしてやる！」ぐらいに発奮するだろう。世界で活躍している一流のスポーツ選手・芸術家・実業家などは、あきらめずに取り組んできた人だ。そして世界に大きなインパクトを与え、より良く変えていくのもそういう人だ。

もう一つの場面は、自分が果たすべき責任を持ち、あきらめたら信用を失うようなこと。たとえば、親や友達と約束したこと、学校で引き受けたクラス委員の仕事などは、あきらめずにやり抜かなければならない。苦しくてできないとき、約束が守れなそうなときには、すぐに相談すべきだ。でなければ、「アイツは信用できない」という評価になり、人は離れていくかもしれない。

たとえば僕の場合、中学時代はバレーボール部のキャプテンをしていて、県内の強豪校に進みたいと思ったことがある。しかし、よくよく考えたときにバレーボールに人生を懸けたいとまでは思えなかった。そんなとき、東京の大学に進学したいという思いが強くなっていて、勉強の優先度が高まった。だからバレー強豪校への進学はあきらめ、自宅から通える新設の高校に進んだ。

バレーボールをやめて、勉強をがんばったことは「努力の方向転換」で良いあきらめ。東京の大学に行くために勉強をがんばったことは、自分の果たすべき責任にかかわることだから、あきらめてはいけない場面だったと思っている。

君たちも、あきらめること・あきらめないことを一つずつ考えて進んでいってほしい。

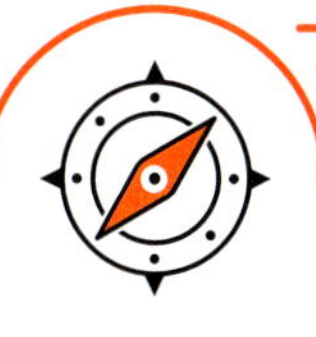

迷ったときは…

★悩んであきらめることと無責任に放り投げることは大違い
★あきらめてはいけないポイントを知る

みちしるべ

24

「学校へは毎日通うのが当たり前」をやめる

海でしか生きられない魚もいれば、川でしか生きられない魚もいるように、人間だってうまく生きられる場所はそれぞれだ。

だから学校へ行き、勉強して進学して就職して結婚して……。そういうある意味「当たり前の生き方」に適応できない人、適応したくない人もいる。人間が作った仕組みだから、合わない人もいる。

だから、「学校に行きたくない」と思う人がいたって不思議でも何でもない。それで「自分はダメな人間かも」などと落ち込んだり自分を責めたりする必要なんてないんだよ。

僕が子どもの頃は学校に行くのは「毎日お風呂に入るようなもの」で、当たり前のことだった。それはある意味幸せだったのかもしれないけれど、逆に

「何も考えていなかった」とも言える。

だから「学校に行きたくない」と考えることができるというのは、少なくとも「現状に疑問を持っている」ということであり、すごいなとも感じるんだ。だから恥ずかしいことじゃなく、むしろ自分の心に正直だということだから、誇りに思っていいんだよ。

それに、実は才能がある人ほど学校という制度に馴染めないことはよくある。

たとえば「ギフテッド」と呼ばれる高い知能や創造性を持つ子は、特定の分野で類まれなる才能を発揮する一方で、単純作業が苦手、時間にルーズ、人の話を聞かない、人の気持ちを想像できない、空気が読めない、強いこだわりがある、などといった課題を持っていることがある。すると、学校では異端児扱いされるよね。多様性の時代などと言いながら、実態は多様性を認めない場面も未だにあるんだ。

だから学校に行きたくない、無理してでも学校に行けば自分が壊れてしまうと感じたら、学校に行かなくてもいい。

ただ、40ページでも書いたように、子どものうちの勉強は全ての土台を作る作業だから、学校に行かなくても、勉強にはしっかり取り組めるといいね。今は通信教育やタブレットなどで勉強ができるし、勉強さえしておけば、いざ学校に戻りたいとか進学したいと思ったときにそれができるよ。

そして、行きたくないと思うことは構わない。ただ、**その理由を親にはきちん**

と話そう。でないと心配をかけるだけだし、親もどうしていいかわからないから。

行きたくない理由がわかれば、親も対処方法を考えてくれるかもしれない。納得してあなたの判断を尊重し見守ってくれるかもしれない。

自分のことを理解してもらえないとか、学校に行けない自分を追い詰めてしまうというのが一番つらいから、理解してもらう努力は必要だ。だからまずは自分の心の内をさぐって、行きたくないというモヤモヤした感情を言葉にしてみよう。

ちなみに僕の長男は、前も書いたように発達障害があって、支援級に通っているんだ。支援級とは公立の小学校にある特別支援学級のこと。軽度の知的障害やグレーゾーンの子、発達障害がある子や不登校だった子たちも通っている。1クラス8人までの少人数できめ細かな配慮をしてもらえるから、保健室みたいとまではいかないけど、自分のペースで過ごせるんだ。もしこちらの方が自分に合うと思うなら、それも親や先生に相談してみるといいかもね。

もし「本当は学校に行きたい」という気持ちがあるなら、どうやったら自分が楽しく通えるか、あきらめずに考えてみよう。きっと道が開ける日がくるよ。

迷ったときは…

★学校に合わないからってダメな子なわけではない

★行きたくない理由を周囲に相談しよう

第五章

自分らしく生活するためにやめること

最後は、大人になっていく君たちがどんなふうに毎日をすごすといいか、生活にまつわる「やめること」をまとめているよ。

みちしるべ 25

「動画ばかり見てしまう」をやめる

小学校高学年になると、多くの子がスマホやタブレットにふれるようになる。君はよく親から「いいかげんにやめなさい」などと注意されないだろうか。

動画を見ること自体に問題があるわけじゃない。だって、動画は自分の好奇心のきっかけを与えてくれたり、その好奇心の幅を広げたり深掘りしてくれる可能性があるから。

実は僕の息子たちも動画が大好きで、タブレットを手放せない状態になっている。とはいえ、第二次世界大戦前後の歴史を調べたり、世界の国旗を覚えたりなど、学校ではあまり習わないことを勝手に学んでいることもある。こんなふうに自分が知りたいこと、興味があることの知識を深めていく行為は、学校と家との往復だけではなかなかできないから、これは動画のメリットではない

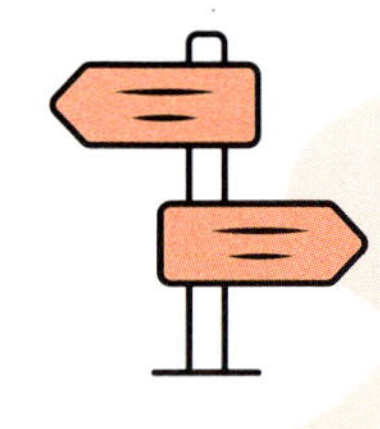

かと思う。

ただ、大人が「動画ばかり見るな」と注意するのはデメリットがあるからだ。まずは健康面での心配。ずっと動画を見ていれば目が悪くなる。視力が落ちると手術以外で回復の方法がなく、一生涯不便な生活を強いられるから、よくよく注意しなければならない。僕の長男も動画の見すぎで視力が落ち、黒板の文字が見にくいと席替えをしてもらったほどだ。

さらに睡眠の質の低下。寝る前に動画を見ることで興奮してしまって、なかなか寝付けないことがあるならそれも問題だ。

次に動画には、ウソや大げさに言っていることが含まれていることがあるのに、それを本当だと信じ込んでしまうリスクがある。

多くの動画はお金儲けのために作られていることが多い。だからとにかく目立とうと面白おかしく煽ったり、ウソでも盛り上がればいいと考える人もいるんだ。実は動画が正しい情報かどうかは誰もチェックをしていない。だから、事実と作り話が混在してしまっているんだ。動画を見るときは「ウソかもしれない」「間違っているかもしれない」と疑ってかかることも大切なんだ。

最後に、動画を見ている最中、なんにも考えずにすごしてしまうという点もデメリットだ。

動画は基本的に受け身であり、読書のように「それってどうなの？」と考えるなど自分から能動的には関与できない。内容に疑問を感じても、次の瞬間には動画が進んでしまうから、それ以上考えることはできない（これはテレビも同じだね）。

僕はずっと動画を見続けてしまうこと

の最大の危険はここにあると思っているんだ。

だから、30〜40分見たら休憩を入れたり、1日当たりの時間を決めたりしてうまく付き合っていくことが大切だよ。

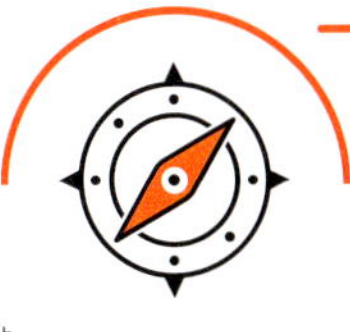

迷ったときは…

- ★動画のメリット・デメリットを知る
- ★自分なりのルールを設けてうまく付き合っていく

みちしるべ 26

「SNSが気になって仕方ない」をやめる

スマホを手ばなせない理由が「SNSが気になるから」という人もいると思う。

この場合、

①自分宛てのメッセージはすぐ返事しないといけないという焦り

②自分に関する話題（悪口も含めて）が出ていないか気になる

③自分が知らないうちに話題が進み、会話（メッセージのやりとり）についていけないのが不安

といった理由があるんじゃないかな。

①については、すぐ返事しなくて大丈夫。SNSメッセージの良さとは、自分の都合の良いときに読めて、自分の都合の良いときに返事ができることなんだ。これはお互いに言えること。自分には自分の都合があるように、相手には相手の都合がある。食事中かもしれない、入浴中かもしれない、ちょっと近所

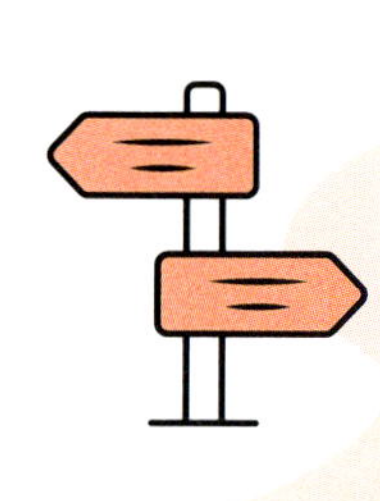

のコンビニに行っているかもしれない。家族旅行中かもしれない。そういう「すぐに返信ができない状況がある」という**想像力を働かせれば、「即レス」は大切なことじゃない。**

②については、確かに気になるとは思うけど、実は気にしても仕方がないんだ。なぜなら、他人がどういう話題を書き込もうと、自分にはコントロールできないから。**コントロールできないことを気にしてもどうしようもない**ので、気にするだけ無駄ということになる。

知らないところで自分の話題が出てもいいじゃないか。自分のいないところで自分のポジティブな話題が出るということは、本当に良いと思われているということだから、むしろ喜んでいい。

逆に自分がいないところで悪口（陰口）が出るということは、面と向かって言えないということだから、大したことではないということ。君のせいで相手に迷惑をかけているのではなく、その人が個人的な感情でムカついているだけだろう。それはたいていてい嫉妬だったりする。そんな言葉は相手にしなくっていいいんだ。

③についても気になる気持ちはわかる。ただ、「それを知らないと本当に困る」という話題はどのくらいあるだろうか。たとえば「今日、あの子がこんなこと言ってたけどどう思う？」「昨日のドラマはこんな展開だったよね」「A子はB男のことが好きらしい」「あの先生ムカついたね」といったことで、その話題についていけないからといって困ることはないんじゃないだろうか。

むろん、話の輪に入れない孤独感のようなものはあるかもしれないけど、**無理に会話に入ろうとしないで、微笑ましく**

眺めているだけでいいと思うよ。

などと僕の考えを書いてきたけど、スマホ依存とかSNSいじめとか、現代ではスマホのおかげでむしろストレスになっている側面があるから、「スマホから距離を置く」（スマホを断てということではない）という勇気も必要になっているように思う。

そういうことも含めて、大人になるまでにスマホとの楽しい付き合い方を身につけられるといいね。

迷ったときは…

★なぜSNSが気になるか原因を知る

★SNSやスマホから距離を置く勇気を持つ

みちしるべ 27

「貯金しなきゃいけない」をやめる

君は「貯金はしなきゃいけない」って思ってる？　もちろん、欲しいゲームを買うため、など目的があって貯金するのは大切なこと。だけど、貯金そのものを目的にしてはいけないと僕は思うんだ。だって**貯金することは「使えるお金を少なくする」ことであり、それは自分が経験できることや楽しむことを減らす行為にほかならない**からだ。

もしお金を使わなければどうなると思う？　たとえばお友達と映画に行くこともできない。ハンバーガーショップでおしゃべりすることもできないし、学習アプリを買うこともできない。お金を使えば人生の楽しみの幅も深さももっと広がるのに、貯金を優先してしまうとしたら、自分の世界はどんどん狭くなってしまうよね。

もちろんときには無駄遣いなど失敗もあるだろう。たとえば「お年玉」という普段は目にしない大金を手にし、気が大きくなって無駄遣いしてしまうこともあるかもしれない。それで、なぜこんなものを買ったのか後悔するかもしれない。けれど、それで反省することも大切な経験。

そんな経験も含め、世の中を知り、見識を広め、人と付き合い、それを通じて自分の生き方を自分で決められる人間になってほしい。**お金を財布の中に閉じ込めていては得られない、豊かな人生を摑み取ってほしい**と思っている。

「お金を大事にすること」と、「ケチって使わないようにすること」は違う。お金を大事にするとは、より良い自分になるために使うこと、大切な人が喜ぶことに使うことじゃないだろうか。

前者の**「より良い自分になるため」**というのは、たとえば君がサッカーをやっていたとする。すると、より性能の良いシューズが欲しくなると思う。だってそんなシューズを買えば、もっと上手にプレーできるかもしれないからね。だからシューズを買うことは、より良い自分になるお金の使い方と言えるよね。

後者の**「大切な人が喜ぶこと」**は、プレゼントを渡すなどもあるけれど、人助けにも使える。たとえば友達と出かけて、帰りに友達の電車賃が足りなかったとする。そんなとき電車賃を貸してあげれば、友達は助かるし一緒に帰れる。なのに「お金の貸し借りはダメだと言われているから」と貸さないのはさすがに融通がきかないと思わない？　確かにお金の貸し借りはトラブルになりやすいのでやめた方がいいけれど、緊急事態だし、金額も数百円だったら大丈夫、という判断はできると思う（もちろん、後で親にはそのことを伝えようね）。

そんなふうに、自分がバージョンアップすることや、人に喜んでもらえるお金の使い方を考えてみてほしい。

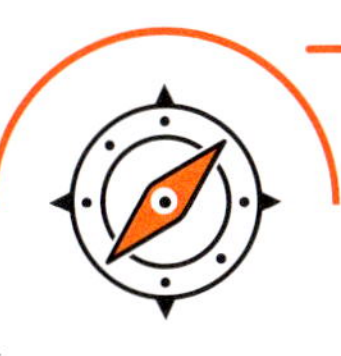

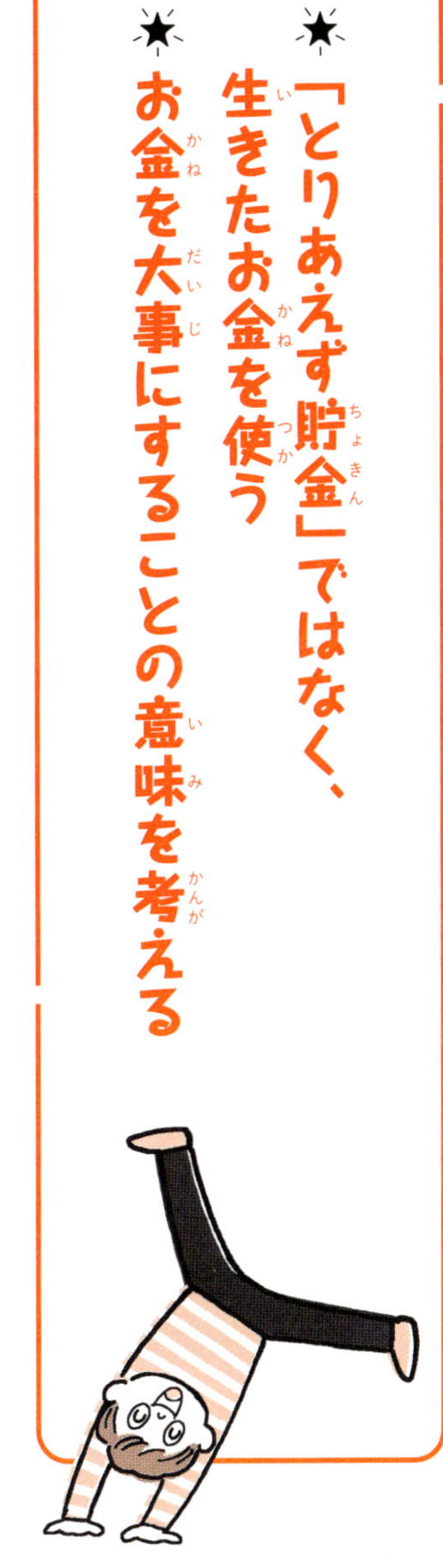

「ルールは絶対に守るべき」をやめる

僕が小学生の頃は、「給食は全員必ず全部食べるべし」という暗黙のルールがあった。だから食の細い子や牛乳が苦手な子は、給食後の休憩時間も一人ぽつんと席に座り、食べられない給食を前にうつむいていた。

でも今は無理やり食べさせるのは健康面からも良くないということで、自分が食べられる量を調整できたり、残してもいいということになっているよね。また、僕が子どもの頃はしゃがんで跳ぶウサギ跳びが足腰鍛錬の主要な方法だったけど、今は膝に負担がかかるからむしろ良くないとして廃れている。

そんなふうにルールも、時代の変化とか、技術や研究の進化などによって現実にそぐわなくなることがある。だからこそ、**ルールの「本質」を考え、ときにはルールを疑い、ルールを破る必要もある**んだ。

たとえば学校のルール（校則）に「髪の毛を染めてはいけない」というのがある学校もあるだろう。では、この校則の本質はなんだろうか。

僕が子どもの頃は髪を染めることで非行を招くからとか、トラブルに巻き込まれるからなどという理由で禁止されていたように思う。

しかし時代が移り変わって現代。髪を染めたから非行に走る、あるいは非行に走りたいから髪を染める、という人はどれぐらいいるだろうか。髪を染めている人は大人も含めて大勢いるから、トラブルの原因になるということも考えにくい。

実際、髪の毛が何色であっても、勉強しようとすればいくらでもできるよね。逆に勉強しない子は髪の色に関係なく勉強しないだろう。

それに、いまは髪形も髪の毛の色も、人権のひとつとして個人の自由を尊重する方向に向かっているから、「髪の毛を染めてはいけない」というルールは時代にそぐわなくなってきていると思うんだ（ただ、子どもの皮膚は発育途上で未熟なので、ヘアカラー剤によるアレルギーや、頭皮のかぶれや炎症といったトラブルにつながるリスクがある。だから髪の毛を染めるのは、特別な理由がない限り、成人してからの方がいいと思うよ）。

校則の本質は勉強や学校生活をきちんと送ること。だから、それができるなら「髪の毛を染めてはいけない」というルールは絶対に守らなくてはいけないものではなくなっていくんじゃないかな。

こうやって当たり前とされているルールも、時代によって変わっていくものなんだ。だから今あるルールも「なぜだろう」と考えることが大切だよ。

そもそも**なぜそういうルールがあるのか、という本質を理解しようとしなければ、ルールに従うことが目的になる。**

しかし真面目な人はルールを守ることに必死で、そのルールがおかしいとか、ときと場合によっては間違っているかもしれないという認識を持つことができない。そのため、他の人以上に窮屈さを感じてしまいやすい。

だからもし、あるルールがおかしいと思ったら、親や先生や生徒会に訴えかけてみよう。「そういう決まりだから」などと理由（目的）を説明できない、あるいはその目的が現実とそぐわないとしたら、そんなルールに存在価値はない、と主張してもいいんだ。

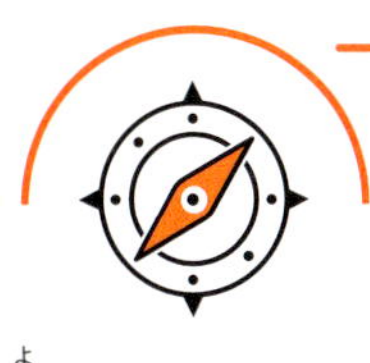

迷ったときは…

★ルールに従うことを目的にしない

★ルールの本質を考え、ときには疑うことも大切

「親に口答えしてはいけない」をやめる

「口答えするな」「言い訳するな」。君も、親からそんなふうに叱られたことはない？ でもね、僕は口答えも言い訳も、どんどんやるべきだと思うんだ。
確かに叱られたのは自分が悪かったからかもしれない。でも、君にだってやむを得ない事情や、避けられなかった状況があったんじゃないかな？ 大人はそんなことも知らずに叱っていることもあるし、必ずしも大人が正しいとも限らない。なのに、言われっぱなしで反論せず、悶々とするのは気分が良くないだろう？

だから、大人の言うことがおかしいと思ったら、その理由を聞こう。納得できないと思ったら、「それはおかしいんじゃないか」「自分はこのように考えて、だからこうしたんだ」などと、自分の気持ちを伝えよう。**それこそが「自分の頭で考える」第一歩**だ。大人の言うことにただ黙って従っているだけなら、自

分で考える必要も自分で判断する必要もないよね。それは単なる思考停止だ。すると、自分では何も決められない人間になってしまう。誰かの指示がないと生きていけないとしたら、ただのロボットだ。これは不幸なことじゃないかな？

だから僕は大人に対して口答えも言い訳もどんどんすればいいと考えている。ただし言ってはいけないことがある。それは「自分を守るためだけ、保身のための言い訳」だ。

たとえばコップを倒してしまって叱られたとする。「そんなところに置く方が

悪い！」と言って、自分は悪くない、悪いのは相手だと責任転嫁すること。人のせいにするという言い訳は、誰がも不愉快に感じる。なぜなら、自分の悪いところを認められない卑怯な人間に見えるからだ。そうではなく「ゴメン、よく見てなかった。次から気を付けるよ」と言った方が、正々堂々としているよね。

また、「こぼしたのは妹だよ」などという保身のウソも、たいていは大人に見破られる。ウソだとわかるから、「言い訳するな」などと言われるんだ。そういうウソは自分が叱られないために他人になすりつける、自己中心的な考え方だと感じるから、余計に叱られる。だから自分を守るためのウソの言い訳は絶対にいけないよ。

でもまあ、国会では大の大人が「記憶にありません」などと平気で保身のウソをついているし、犯罪者もやはり「自分はやってません」などと保身のウソをつくことがある。だけど、だから自分もいいやじゃなく、「そういう大人になってはいけない」という反面教師にしてほしいと思う。

そして前にも書いたけど、大切なことなので繰り返すね。言い訳も反論も、ケンカのためじゃない。だから絶対に「クソババア」などと相手をののしってはいけない。大人の指摘が当たっていないこと、そして自分の正当性を証明したいなら、相手をけなす言動はまったく効果がないとわかるはずだよ。

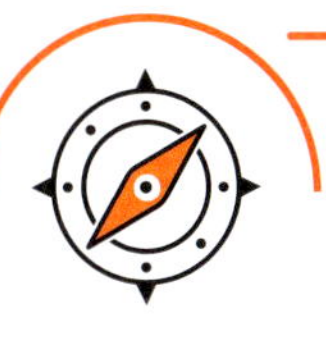

迷ったときは…

★納得できないなら、理由を聞いて自分の気持ちや考えを伝える

★感情的にならずに伝える

みちしるべ

30

「がんばっても報われない」をやめる

「どうせがんばっても報われないんだから、がんばるだけ無駄」なんて発言を聞いたことがあるかもしれない。確かにがんばったからといって100%報われるとは限らないけど、少なくとも成長することはできるよね。

たとえば50メートル走のタイムがクラスで最下位だった。でもがんばって練習したら、クラスで1位にはなれなかったけど、9秒台で走れるようになった！ とか。1位になれないところだけを見れば、報われていないともいえるけど、でもタイムを縮められたのはすごいことだよね。

もし、「がんばっても報われない」と言って何もしなければ、タイムが縮むことなく、何も得られなかったはずだ。つまり報われないからといって何もしなくていいという理由にはならない、ということがわかると思う。

それにね、「がんばる」というのは、仮に自分の思うような結果が得られなかったとしても、目に見えない「心」の中で報われることが多いんだ。

というのも、**がんばった経験は、いざというときに自分を支えてくれる自信になる**からなんだ。落ち込むことがあっても、「自分はまだがんばれる」という希望になるんだよ。

さっきの50メートル走の話で「がんばったからタイムが速くなった」を言い換えれば、「がんばれば状況は良くなる」という希望になるわけだから、落ち込ん

だときでも自分を支える力になってくれるんだ。

君は自分の「底力」がどれほどのものか知っているだろうか。そして底力の出し方を知っているだろうか。底力とは自分の全身全霊を込めたときの力だけど、そんな全力で取り組むときの自分のエネルギーの強さや感覚を知っておかなければ、全力を出さなければならないときに力を発揮できない。そもそも発揮の仕方すらわからない。すると、自分を信頼できず、自信が持てなくなる。

それと同じで、本当にがんばろうとか、がんばりたいと思ったときに、がんばり方がわからなかったら悲しいだろう？

もちろん、あらゆることに対して全部がんばるというのは無駄が多いし、疲れちゃうよね。だから、自分が大切だと思えること、自分が好きなこと、自分が憧れていることに向かってがんばってみないかい？

たとえば野球で甲子園を目指す高校球児は、他のことが苦手だったとしても野球は人一倍練習する。机の前に座るのは30分が限界でも、炎天下で3時間の練習はへっちゃらだったりする。そしてそういう人がチャンスを掴んでいくんだ。

だからがんばろう。

「がんばったことがある」というのは将来大きな財産になるんだから。

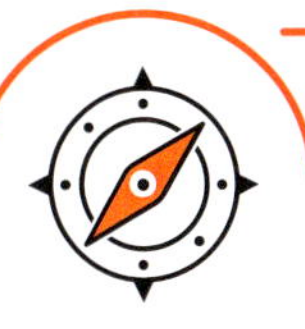

迷ったときは…

★がんばることは、心の中で報われる

★がんばった経験がある人はここぞというときにがんばれる

保護者の皆様へ

本書のタイトルに「10歳からの」と入れたのには、主に二つの理由があります。

一つは、10歳頃の子どもたちは思春期を前に、いろいろな悩みや迷いが増える入り口にいます。大人の手を離れていくこの時期に、子どもたちの「みちしるべ」になる本を贈りたいと考えました。

二つ目は、大人側の視点です。僕自身は、子どもが10歳になったら、もう「子ども」ではなく、自らの意志と考えを持つ一人の人間として尊重し、対等に接すべき存在だと考えています。だから本書では、読者を子ども扱いせず、あえて大人に対して発する内容と遜色ないメッセージを書いています。

そこで保護者の皆さまには、ぜひ一緒に本書をお読みいただき、お子さんと意見や感想を語り合っていただければと思っています。

保護者の考えとお子さんの考えは違うかもしれない。でも対等であるからこそ、その違いをお互いに受け止め理解し合うことで、より有意義な会話になると考えています。

なお、本書で紹介している「やめること」は、正解ではなく「考えるためのフック」に過ぎません。子どもの個性や置かれた状況などによって、やめることもそうでないことも変わり、都度判断するしかないからです。そしてその判断基準を形成することこそ、お子さんたちが歩むであろうこれからの未来を、自分の力で生き抜くための原動力となります。

本書が「自分の頭で考える」きっかけとなり、それら判断基準形成の一助になれば、著者として大変うれしく思います。

2025年2月

午堂登紀雄

午堂登紀雄（ごどうときお）

1971年岡山県生まれ。米国公認会計士。
中央大学経済学部卒業後、会計事務所、大手流通企業のマーケティング部門を経て、世界的な戦略系経営コンサルティングファームのアーサー・D・リトルで経営コンサルタントとして活躍。2006年、不動産投資コンサルティングを行う株式会社プレミアム・インベストメント&パートナーズを設立。経営者兼個人投資家としての活動のほか、出版や講演も多数行っている。2012年から東南アジアを中心に海外投資をスタートし、米国を始め、マレーシア・カンボジア・インドなどに事業領域を広げている。育児に奮闘する3児の父でもある。

いまを生き抜く30のみちしるべ
10歳からのやめること地図

2025年3月18日　初版発行

著者　午堂　登紀雄
発行者　山下　直久
発行　株式会社KADOKAWA
〒102-8177　東京都千代田区富士見2-13-3
電話0570-002-301（ナビダイヤル）
印刷所　TOPPANクロレ株式会社
製本所　TOPPANクロレ株式会社

●お問い合わせ
https://www.kadokawa.co.jp/（「お問い合わせ」へお進みください）
※内容によっては、お答えできない場合があります。
※サポートは日本国内のみとさせていただきます。
※Japanese text only

定価はカバーに表示してあります。

Printed in Japan
ISBN 978-4-04-607487-4　C0037